Cet ouvrage d'Eli Jaxon-Bear, *Soudain, l'éveil*, c'est du vrai de vrai. Ce n'est pas seulement une description de l'instant où le véritable éveil spirituel advient, mais également une aide pour affronter les obstacles constants à l'avènement de cet instant.

Ce n'est pas non plus une brève étude du processus conduisant à la réalisation, mais plutôt un manifeste retentissant de libération. Bien qu'hautement personnel, il est aussi de nature universelle.

Il m'a presque été impossible d'en décrocher. Je dis que c'est du vrai de vrai parce qu'il ne comporte pas le moindre dogme ni le moindre parti pris. *Soudain, l'éveil* m'a touché droit au cœur.

— Dr Murray Korngold
Fondateur de la Los Angeles Society of Clinical Psychologists, qui a étudié avec un des associés de Karl Jung et qui, à partir de 1964, **a eu comme associé de cabinet R. D. Laing, à Kingsley, en Grande-Bretagne.**

SOUDAIN, L'ÉVEIL

SOUDAIN, L'ÉVEIL

Arrêtez votre mental,

◆◆◆

Ouvrez votre cœur, et

◆◆◆

Découvrez votre vraie nature

Eli Jaxon-Bear

Traduit de l'anglais par
Annie J. Ollivier

ADA
éditions

Éditeur : François Doucet
Traduction : Annie J. Ollivier
Révision linguistique : Féminin pluriel
Correction d'épreuves : Nancy Coulombe, Émilie Leroux
Montage de la couverture : Matthieu Fortin
Photo de la couverture : © Thinkstock
Mise en pages : Amélie Bourbonnais Sureault
ISBN papier 978-2-89767-560-8
ISBN PDF numérique 978-2-89767-561-5
ISBN ePub 978-2-89767-562-2
Première impression : 2016
Dépôt légal : 2016
Bibliothèque et Archives nationales du Québec
Bibliothèque et Archives du Canada

Éditions AdA Inc.
1385, boul. Lionel-Boulet
Varennes (Québec) J3X 1P7, Canada
Téléphone : 450 929-0296
Télécopieur : 450 929-0220
www.ada-inc.com
info@ada-inc.com

Diffusion
Canada : Éditions AdA Inc.
France : D.G. Diffusion
Z.I. des Bogues
31750 Escalquens — France
Téléphone : 05.61.00.09.99
Suisse : Transat — 23.42.77.40
Belgique : D.G. Diffusion — 05.61.00.09.99

Imprimé au Canada

Québec
Crédit d'impôt livres
Gestion SODEC

Financé par le gouvernement du Canada | Canada

Participation de la SODEC.
Nous reconnaissons l'aide financière du gouvernement du Canada par l'entremise du Fonds du livre du Canada (FLC) pour nos activités d'édition.
Gouvernement du Québec — Programme de crédit d'impôt pour l'édition de livres — Gestion SODEC.

Catalogage avant publication de Bibliothèque et Archives nationales du Québec et Bibliothèque et Archives Canada

Jaxon-Bear, Eli, 1947-

[Sudden awakening. Français]
Soudain, l'éveil
Traduction de : Sudden awakening.
ISBN 978-2-89767-560-8
1. Vie spirituelle. 2. Réveil religieux. I. Titre. II. Titre : Sudden awakening. Français.

BL624.J3914 2016 294.5'44 C2016-941834-0

Je dédie cet ouvrage à mon bien-aimé maître et sat-guru, Papaji,
celui qui dissipe l'obscurité,
l'incarnation vivante du silence et de la liberté,
celui qui est disposé à tout donner dès la première rencontre.

Table des matières

PARTIE 4 : L'ÉVEIL

PARTIE 5 : DIX ANS PLUS TARD

Remerciements

J'adresse mes plus profonds remerciements à Anita Tamboli et Jasmine Lace, qui m'ont grandement aidé à rendre la publication de cette nouvelle édition possible. Je remercie également mon éditrice, Vesela Simic, et la graphiste, Kari McCarthy. Je vous dois beaucoup. Ma plus profonde et éternelle reconnaissance à ma conjointe, Gangaji, qui vit à mes côtés depuis plus de 40 ans. Sans son amour, son soutien et son engagement indéfectibles envers la vérité, rien n'aurait été possible.

Préface de la deuxième édition

Chaque décennie, nous observons que la conscience s'éveille à elle-même en vagues de plus en plus étendues sur la planète. Grâce entre autres au Dalaï-Lama qui rend visite à la Maison-Blanche ou à Eckhart Tolle qui est invité à l'émission d'Oprah Winfrey, des millions de gens de notre culture sont exposés à une nouvelle vision du monde et à une compréhension plus profonde de leur véritable Être. C'est un miracle auquel je ne m'attendais pas à assister au cours de ma vie actuelle. J'ai grandi dans un monde qui n'avait jamais entendu parler de méditation ou de yoga, et qui considérait tout ce qui sortait de l'ordinaire comme étrange et peu intéressant. Dans les années 1950, pour New York, l'Inde était aussi éloignée que la lune et beaucoup moins visible. Le yoga, la méditation et la remise en question personnelle ne faisaient tout simplement pas encore partie du paysage américain, dans mon quartier.

Aujourd'hui même, dans le *New York Times,* j'ai lu une phrase dans un article qui commençait facétieusement par : « Mais à moins que vous ne soyez l'unique personne dans la ville de New York à ne pas pratiquer le yoga… » — signe qui prouve à quel point nous avons avancé en très peu de temps. Le fait que l'on trouve des cours de yoga à tous les coins de rue et qu'une armée de maîtres et d'innombrables enseignements spirituels soient proposés sur Internet sont autant de signes que la conscience humaine est en train de mûrir. Le mème de l'éveil est en train de se répandre dans notre culture.

Lorsque j'ai entrepris ma quête spirituelle en 1972, je n'avais jamais entendu parler de *satsang* ni rencontré de personne éveillée. Par ailleurs, je n'avais jamais entendu dire ni lu qu'il était possible d'accéder à la libération dans cette vie-ci. Au cours des 18 années suivantes, j'ai rencontré de merveilleux maîtres et acquis des enseignements provenant de nombreuses traditions. Mais personne ne m'a jamais parlé de la possibilité de faire taire le mental. La réalisation directe, si jamais il en a été question, était une improbabilité lointaine, qui ne surviendrait pas dans cette vie.

Actuellement, les *satsangs* se répandent sur toute la planète. Je rencontre des gens en provenance du monde entier qui ont connu un profond éveil. Ce changement signale une transformation révolutionnaire dans le conscient collectif. L'espèce que nous sommes est en train de s'éveiller.

Dans cette édition révisée 10 ans plus tard de *Soudain, l'éveil*, j'ai ajouté deux nouveaux chapitres. Tout d'abord, un chapitre sur mon expérience du cancer. Sept ans après avoir écrit la première édition de ce livre, on m'a diagnostiqué un myélome multiple, c'est-à-dire un cancer incurable du sang. Ensuite, dans le nouveau chapitre intitulé « Chants de liberté », je vous fais part de poèmes qui me sont venus quand j'ai dû affronter la mort pendant la chimiothérapie.

Les lettres que j'ai reçues de lecteurs ayant lu la première édition m'ont appris l'impact profond que ce livre avait eu sur leur vie. Un grand nombre de gens me demandent aussi quoi faire quand les circonstances de la vie se retournent contre eux. Ils veulent savoir comment rester vrais quand ils passent à travers de dures épreuves. J'espère que ces deux nouveaux chapitres les aideront à composer avec les désastres que nous devons tous affronter au cours de notre vie.

◆◆◆

Ma quête a duré 18 ans avant que je rencontre mon maître. Au fil de ces pages, j'aimerais vous le présenter, lui et sa transmission directe de liberté. Lorsque j'ai frappé à sa porte à Lucknow, en Inde, un homme beau et heureux m'a salué et m'a dit : « Oui, il vous attend. Je vous en prie, entrez. » Comme je n'avais eu aucun contact préalable avec lui et que je n'avais averti personne de mon arrivée, j'en ai eu le souffle coupé. L'homme m'a fait traverser une minuscule maison en direction d'une volée de marches située au fond d'une cour intérieure. Après avoir gravi les marches, j'ai tapé à la porte. Et on m'a invité à entrer. La pièce était suffisamment grande pour accueillir un lit à une place et une chaise. Assis en tailleur sur son lit, mon maître m'a demandé de me joindre à lui. Je ne pouvais croire à la chance que j'avais.

Assis à côté de lui sur le lit, j'ai immédiatement senti que j'étais en présence d'un immense amour conscient et silencieux, qui me regardait. J'ai vu mon propre Être me regarder à partir d'une autre forme. À ce moment-là, j'ai su que tout ce que j'avais directement réalisé tout seul était vrai. Sans qu'il prononce un seul mot, en étant simplement lui-même, il était une confirmation directe. J'étais arrivé au bout de ma quête spirituelle, là sur le lit de mon *sat-guru*. Il rayonnait d'amour et de silence. Mon mental est tombé dans le vide tandis que mon cœur explosait d'amour. Cela s'est produit en un instant. Chaque moment après cela a été un surplus de grâce.

Il m'a invité à revenir le lendemain. Nous avons pris notre repas ensemble. Ses petites-filles ont cuisiné pour leur père, Surendra (le charmant homme de 55 ans qui m'avait ouvert la porte le premier jour), leur grand-père, qu'elles appelaient affectueusement Papaji, et moi. Lorsque Papaji a été rassasié et n'a pas pu terminer son assiette, il a versé ce qui restait de petits pois et de pommes de terre dans la mienne. J'étais comblé et n'avais besoin de rien d'autre. J'étais dans une extase constante, le mental empli de silence.

Je savais que j'étais en présence de ce que j'appelais à l'époque un maître zen vivant. Au fil des semaines suivantes, j'ai observé les gens arriver en sa présence, s'asseoir dans son salon et voir leur mental s'arrêter et leur cœur s'ouvrir alors qu'ils prenaient conscience de leur véritable nature. De ma vie, je n'avais jamais assisté à une telle chose. Ce fut le moment décisif pour moi. Après cela, plus jamais rien ne fut pareil. La même transmission est encore vivante et libre, et rayonne encore partout vers les êtres humains. Ce livre en est une petite expression.

J'écris pour transmettre aux lecteurs la possibilité de rencontrer directement tout ce qui se présente – l'amour, la peur, la vie et la mort. Cette possibilité vous permettra de découvrir l'extase quand vous rencontrerez votre véritable Être et tomberez sans fin en vous. L'éveil est possible pour vous ici et maintenant, à cet instant même.

L'aube se rapproche, les étincelles de liberté se sont répandues, et des points de lumière brillent partout dans le monde. Puissiez-vous être une lumière d'amour qui s'incarne dans votre corps et qui rayonne par vos yeux et votre cœur. Que le feu de votre conscience soit l'étincelle qui allume l'aube.

Eli Jaxon-Bear
20 mars 2012
Ashland (Oregon)

Introduction

Un jour, j'ai lu qu'un animal de laboratoire placé à équidistance de deux morceaux de fromage pouvait figer sur le coup de l'indécision, au point d'en mourir de faim. Imaginez alors quel peut être notre état d'indécision quand nous nous trouvons devant des douzaines d'appâts situés à distance égale de nous, qui prennent la forme d'étagères de condiments dans un supermarché ou d'étagères de centaines de titres dans une libraire, livres qui nous promettent de nous révéler tous les secrets, de la réussite en affaires à celle de l'alcôve, en passant par la paix, la grâce et le salut.

Mais, si vous cherchez la paix, la grâce et le salut, ou bien tout cela – si comme le poète Wordsworth, vous avez commencé à sentir qu'acquérir des biens et dépenser dans le monde matériel, c'est trop pour vous et que le moment est venu de faire une pause, de faire le ménage dans votre tête et de recommencer à zéro – vers laquelle de ces nombreuses étagères vous tourneriez-vous ?

Même si je n'ai pas lu tous ou presque tous les livres que notre imparfait système de classification attribue aux sections du Nouvel Âge, du développement personnel ou des religions orientales des librairies, j'en ai remisé un grand nombre sur des étagères, que j'ai feuilletés pour la plupart et lus dans un grand nombre de cas au fil des années. C'est ce qui fait qu'il devient de plus en plus facile de déterminer, comme de manière olfactive, lesquels parmi ces livres constituent des oasis rares et bienvenues dans le désert des balivernes, et lesquels sont justement des balivernes.

Actuellement, les religions orientales, en général, et le bouddhisme, en particulier, sont devenues plutôt à la mode. Toutes sortes de livres nous servent un bouddhisme, un hindouisme ou un taoïsme édulcorés parce qu'ils sont adaptés aux goûts occidentaux, un peu comme les restaurants de cuisine exotiques adaptent leur art culinaire pour satisfaire les papilles gustatives des palais américains et s'adapter à leurs systèmes digestifs. À l'opposé de ce bouddhisme « allégé », on trouve le bouddhisme « impénétrable », c'est-à-dire des écrits si denses qu'il vous faut non seulement des yeux pour les lire, mais également une machette pour vous frayer un chemin parmi la terminologie, les concepts et les mots employés.

Cet ouvrage, *Soudain, l'éveil,* est un des rares livres sur le sujet à ne pas simplifier à l'extrême d'un côté et à ne pas en remettre, à l'autre extrême. Bien qu'il soit relativement court, il ne l'est pas par manque de choses à dire. C'est plutôt l'inverse. Il est court comme un parfum concentré et cher est vendu dans un petit flacon. Dans la rédaction de ce livre, la production de son parfum, le lecteur perçoit qu'un extraordinaire processus de distillation a eu lieu. L'auteur a su tirer une absolue à partir de l'énorme quantité de matières premières.

Ce petit ouvrage se lit comme si Eli Jaxon-Bear l'avait rédigé de manière improvisée, aussi facilement que s'il avait conversé sur ce thème au cours d'un repas sur la terrasse. Mais, lorsqu'un livre se lit aussi bien, vous pouvez être certain que l'auteur a sué sang et eau pour qu'il soit si juste.

Les phrases de l'auteur coulent comme de clairs torrents de montagne sur les rochers que sont les révélations parfois très anciennes, et pour les Occidentaux très étranges, qui nous concernent nous et notre monde. Nous ne sommes pas habitués à des termes comme *maya*, *ananda* et *samadhi*. Pour nombre d'entre nous, le *nirvana* est associé à un groupe rock. Mais qu'est-ce que tout cela a à voir avec nous, nous demandons-nous ? Où tout cela veut-il exactement en venir ?

C'est justement ce que ce livre vous explique. Les sages de l'Orient nous mettent en garde contre les séduisantes illusions de maya et les vingt pages d'Eli consacrées à l'illusion (maya) sont les plus claires que j'ai jamais lues sur ce sujet délicat. Mais si le pouvoir de séduction et les illusions de maya cachent la réalité, le pouvoir de séduction d'Eli – chaque livre n'est-il pas après tout un acte de séduction ou du moins une tentative de séduction – sert à exposer la réalité.

Nous adorons être séduits et nous brûlons d'être éclairés, de trouver l'éveil. Et la meilleure façon de réaliser ces deux choses, c'est de lire ce livre. Eli Jaxon-Bear a justement écrit le livre qui nous permet de le faire.

Richard Kaplan
Harvard Co-op Bookstore
Septembre 2004
Cambridge (Massachusetts)

Avant-propos

Quand j'ai rencontré Eli Jaxon-Bear pour la première fois, j'ignorais tout du *satsang*, terme sanscrit qui veut dire « association à la vérité ». Je trouvais que toute la question concernant l'éveil était abstraite, et elle ne m'intéressait pas particulièrement. J'animais des ateliers sur la croissance personnelle. J'étais ambitieux et idéaliste. J'avais de plus en plus de succès dans mon travail, et la reconnaissance était mon lot. Tout baignait pour moi. Ma vie tournait rond.

Lorsque j'ai assisté à une des soirées ouvertes d'Eli, je venais en fait chercher davantage de connaissances et une nouvelle technique. Je venais chercher une autre théorie à ajouter à mon bagage intellectuel. Je venais chercher un autre morceau à ajouter au puzzle du travail que j'accomplissais avec les gens. Au lieu de ça, tout le puzzle m'a été retiré. En l'espace d'une soirée, tous mes concepts me sont apparus comme des béquilles.

Je n'avais pas la moindre idée de ce qu'éveil voulait dire, mais en la présence d'Eli Jaxon-Bear, il y a eu éveil chez moi. Je me suis sorti du profond rêve d'un semblant de connaissance et de sécurité. J'ai perdu l'arrogance de mon mental et trouvé l'amour de mon cœur. De la façon la plus fraîche et la plus simple qui soit, je me retrouvai en face de quelque chose de plus grand que n'importe quelle idée, de plus grand que n'importe quel nom, de plus grand que n'importe quelle philosophie. J'ai reçu le cadeau de pouvoir arriver aux confins de tout ce que je pouvais nommer, et ensuite j'ai été poussé au-delà.

Dire que j'ai été poussé dans l'inconnu n'est pas tout à fait exact. C'est mon propre Moi, sous la forme d'Eli, qui m'a incité à plonger dans le vide et dans la plénitude. Pour la première fois, grâce à l'humilité, l'humour, la sagesse et la profonde compassion de ce maître, je me suis enfin reconnu. Eli s'est contenté de me demander ceci : « Que voulez-vous vraiment ? Si vous deviez échanger tous vos nombreux désirs contre un seul et unique désir, quel serait ce désir ? »

Mon cœur a immédiatement su ce que c'était. Il avait toujours porté la réponse en lui. Ce fut comme si ma vie tout entière avait attendu cette question. Et avec la simple réponse donnée par mon cœur, tous mes mondes se sont écroulés, aussi bien mon monde intérieur que mon monde extérieur, car ils ne s'étaient jamais mis au service de mon aspiration très profonde à la paix et à l'amour.

Par cette simple réponse de mon cœur, je suis mort et je suis né de nouveau.

En acceptant l'invitation d'Eli, ma volonté à renoncer au connu s'est approfondi. J'ai trouvé la volonté de renoncer à tous les innombrables combats et efforts de ma vie pour pouvoir découvrir ce qui était déjà là, ce qui est toujours là, ce qui sera toujours là.

Dans *Soudain, l'éveil,* Eli répond aux questions que se posent les nombreuses personnes en quête de vérité. Il le fait en mariant ses visions profondes uniques et nouvelles de la psychologie moderne à la sagesse profonde et originale de la « tradition du silence ». Cette tradition se transmet par une lignée de maîtres éveillés. L'essence de ces enseignements est le silence du mental.

Pendant des milliers d'années, les êtres éveillés ont signalé une réalité derrière le monde familier des apparences. Mais les expériences d'éveil, la réalisation de notre véritable source, semblent avoir été le privilège de quelques élus. Le message clair et simple d'Eli, le cadeau qu'il nous offre avec ce livre, s'adresse à tous :

« *Nous vivons à une époque exceptionnelle. Peu importe à quel point il a été difficile par le passé de se réaliser, le moment est maintenant venu. D'où que vous veniez, que vous meniez une vie de saint ou pas, il vous est maintenant et immédiatement possible de vous éveiller. Soyez prêt à renoncer à tout ce que vous pensez savoir, ne serait-ce que pour un instant. Pour un instant, soyez quiet. Dans cet instant, l'espace et le temps s'ouvrent. Cette ouverture est la chance qui vous permettra de trouver la réponse à la question "Qui suis-je ?"* »

Si vous lisez ce livre uniquement avec votre mental, ces paroles ne seront que des pensées. Mais si vous avez le courage de mettre de côté un instant vos jugements et les connaissances que vous avez accumulés, vous vous retrouverez devant la possibilité de vous éveiller à ce qui est impossible de comprendre avec les mots. Alors, votre propre Être peut venir à vous sous la forme de ce livre et s'adresser directement à votre cœur.

Le souhait le plus profond de tout Être est de vivre dans la liberté et l'amour. Ce souhait mûrit en nous jusqu'à ce que nous soyons prêts à entendre l'appel de la liberté et à y répondre, de plus en plus profondément. Que tous les êtres soient vraiment heureux.

Avec amour et dans l'esprit du service,

Veit Lindau
2001
Berlin (Allemagne)

Préface de la première édition

En 1971, alors que j'avais 24 ans, je me cachais dans une cabane, dans les montagnes du Colorado. J'étais un fugitif recherché par le gouvernement fédéral parce que j'avais libéré un prisonnier et que je m'étais battu avec la police pendant les manifestations de la fête du Travail pour enrayer la guerre du Viet Nam en bloquant le gouvernement américain. Avant de filer vers les montagnes, j'étais étudiant de troisième cycle en études internationales.

À l'époque, je lisais le grand classique du taoïsme, le Tao Te King de Lao Tseu. Je savais que ce que je lisais était vrai, mais je n'avais aucune idée de la façon dont je pouvais accéder à la quiétude parfaite du non-effort. En fait, je ne voyais pas comment la quiétude personnelle pouvait coexister avec un monde dominé par les guerres génocides. Je ne cherchais pas l'illumination. Je cherchais un moyen de mettre fin à la violence généralisée.

Heureusement, lorsque je me suis retrouvé au pied du mur, j'ai compris que je n'étais pas prêt à tuer pour arrêter la violence. Mais j'étais prêt à mourir si c'était ce qu'il fallait. Miraculeusement, une nuit, après avoir jeûné pendant trois jours, terrifié et seul dans cette cabane dans les Rocheuses, je me suis retrouvé face à la mort. Par la grâce, je suis passé de l'autre côté. Je me suis éveillé à la vérité que ma nature est une conscience vide et immortelle. Je savais que si tous les gens sur terre pouvaient arriver à cette transformation, le monde connaîtrait la paix. Selon moi, c'était là le grand avantage de l'éveil. J'ai ensuite consacré ma vie à trouver le moyen de transmettre cette réalisation.

Même après avoir connu l'éveil à ma véritable nature, je ne savais pas comment arrêter le flot du mental — le schème récidiviste d'identification erronée qui nous maintient dans la souffrance. J'ai passé les 18 années suivantes à poursuivre une quête qui m'a conduit partout dans le monde. Dans cette quête continuelle pour trouver la réponse ainsi qu'un véritable maître qui pourrait me transmettre la réponse, j'ai eu la grande chance de rencontrer de nombreux et merveilleux maîtres de différentes traditions spirituelles qui me sont devenus proches.

J'ai pris mes vœux *bodhisattva* auprès de Kalu Rinpoche qui, en 1978 après avoir fait un rêve où je figurais, m'a nommé président de son premier centre dharma à Marin County (Californie). À l'époque, j'avais médité dans une profonde extase en compagnie de Swami Muktananda à son ashram d'Oakland, et passé quatre ans avec mon maître taoïste chinois à pratiquer le yoga taoïste, le taï-chi et la calligraphie chinoise. Dans les années 1980, j'ai passé un certain temps dans un temple zen, et après le combat *dharma* au monastère Saiko-ji dans les collines à l'ouest de Kyoto, j'ai reçu mon éventail d'enseignement zen des mains de mon bien-aimé Ojisan, du temple zen Chosho-ji, à Kyushu.

Lorsque mon mental s'est arrêté au monastère zen après avoir reçu la transmission du *roshi* en chef, de grandes réalisations ont suivi. Vers la fin des années 1980, une cérémonie initiatique menée par un groupe de soufis sur la côte marocaine a également arrêté mon mental et révélé de profonds mystères. Les expériences psychédéliques mettant en danger la vie avaient le même effet.

Mais, peu importe l'intensité de l'expérience ou la profondeur du silence du moment, le mental revenait toujours avec son histoire et ses commentaires.

Ces maîtres ainsi que d'autres m'ont légué de nombreuses et merveilleuses pratiques, dont certaines que j'apprécie la pratique. J'ai découvert que certaines de ces pratiques conduisent à une vie disciplinée, chose que j'apprécie profondément. Mais la pratique ne m'a pas amené à approfondir ma réalisation. Toutes les expériences émanant de mes pratiques, bien que belles et profondes, ne duraient pas. Ni les pratiques ni les expériences profondes ne mirent définitivement fin à ma fausse identité de pratiquant.

La question que je me posais au début de ma quête est celle que, 30 ans plus tard en tant que maître, j'entends sans arrêt. La plupart des gens que je rencontre ont déjà fait de nombreuses expériences spirituelles. Ils veulent savoir quoi faire une fois que ces expériences ou que la pratique se terminent. Ils veulent savoir comment rester vrais au sein de la confusion de la vie quotidienne, comment ne pas se distancer de l'état exalté de paix et d'amour, état qui reste intouché par les circonstances de la vie.

Dans cet ouvrage, je vous offre le cadeau d'éveil qui m'a été fait par mon maître Sri H. W. L. Poonja, un *sat-guru* pleinement éveillé, surnommé Papaji. L'éveil est réel : c'est en fait la seule réalité qui existe. L'éveil est permanent : il ne va ni ne vient. Ce cadeau m'a été transmis par mon maître, et à mon tour, je vous le transmets par ce livre.

En lisant *Soudain, l'éveil*, vous aurez accès à des révélations radicalement nouvelles sur la nature et la structure de l'ego, ainsi que sur son rôle dans la création de la souffrance.

Il est possible que, dans un éclair de révélation – un éveil soudain –, vous finissiez par comprendre que le mental est la prison dans laquelle nous sommes tous nés et que vous trouviez les clés pour vous en échapper. Vous découvrirez que cette possibilité de véritable libération est accessible à tous les êtres humains, quelles que soient leurs conditions de vie. Mon but avec ce livre, c'est de clairement exposer les choix qui se présentent à nous quand nous cherchons la vérité, les pièges qui nous attendent chemin faisant, la différence entre réalité et illusion, et l'avantage qu'il y a à l'esprit de mourir avant le corps pour que la conscience puisse retourner à sa source.

Soudain, l'éveil s'adresse à ceux qui sont prêts à finaliser leur quête spirituelle. Je vous transmets le message de mon maître : il est temps de mettre fin à la quête et de réaliser votre nature d'amour immortel, vide et intelligent. Si vous êtes prêt à renoncer à votre souffrance et à accueillir une paix véritable et durable, vous recevrez une transmission en lisant ce livre.

Bienvenue !
Eli Jaxon-Bear
Avril 2001

Remarques sur le langage

À mesure que notre culture évolue, nous adoptons des termes provenant d'autres langues, termes qui expriment au mieux de nouveaux concepts et de nouvelles expériences. Un exemple actuel d'un tel terme est le mot «computer», utilisé maintenant dans bien d'autres langues que seulement l'anglais.

En ce qui concerne les termes désignant les instruments de la technologie moderne, l'anglais est le plus désigné. Mais l'anglais manque tristement de vocabulaire spirituel, tout comme le français. Par contre, la langue sanscrite possède depuis longtemps un grand éventail de termes décrivant les expériences spirituelles d'éveil. Pendant des milliers d'années, les peuples de l'Inde se sont consacrés au cheminement spirituel. Pour décrire en français ce que le terme sanscrit désigne simplement par *samadhi*, il faudrait dire «l'expérience extatique de plonger à l'intérieur, dans la profonde expérience de son véritable Soi».

Le sanscrit possède de nombreux termes pour décrire les différents stades et degrés de *samadhi*. En Inde, la culture a exploré à fond les expériences intérieures du monde spirituel, tout comme la culture occidentale a exploré à fond le monde extérieur de la matière.

Au cours du siècle dernier, l'éveil activement cultivé par la culture indienne depuis des milliers d'années est apparu en Occident. En plus d'avoir découvert la cuisine, diverses coutumes et l'habillement de l'Inde, nous découvrons aussi un riche vocabulaire qui décrit ce que la plupart d'entre nous, en Occident, ne pouvons nommer. Ce vocabulaire spirituel, entre autres des termes comme *samadhi* et *satsang*, reprennent vie dans les pages qui suivent.

PARTIE 1

LA VOIE DE LA LIBÉRATION

CHAPITRE 1

Bienvenue au bercail

« Il vous est possible de vivre libre. Vous pouvez vous libérer et vous éveiller à cet instant même et vivre l'amour que vous êtes. » Tel est le message que mon maître Papaji lançait à tous ceux qui le rencontraient pendant les satsangs. Le satsang est une chose qui se situe au-delà du mental, au-delà de tout langage. Veuillez écouter totalement pendant que vous lisez cette histoire qui enseigne ce qu'est le satsang.

Le *satsang* : la sortie de l'esclavage

Imaginez un instant que vous vivez à l'époque de l'esclavage aux États-Unis. Imaginez quelle serait votre réalité si vous étiez né esclave. Imaginez que vos parents sont nés esclaves, tout comme leurs propres parents.

Maintenant, imaginez un instant que, non seulement vous êtes un esclave, mais que cette servitude personnelle, ainsi que l'esclavage en général, perdurera. C'est exactement ainsi qu'est le monde dans lequel vous êtes né. On vous dit quoi faire. On peut vous acheter et faire commerce de vous à n'importe quel moment. On peut vous battre et vous utiliser de n'importe quelle façon.

Si vous avez de la chance, vous travaillerez dans une maison ou pour des gens bienveillants. Mais si vous n'avez pas de chance, vous devrez travailler aux champs ou pour des gens malveillants. Votre vie, c'est ça. C'est ainsi que les choses ont toujours été et seront toujours.

En tant qu'esclave, vous n'avez jamais vu d'endroit situé à plus de 75 kilomètres de votre lieu de naissance. Peut-être avez-vous connu une autre ville, peut-être pas. Il n'y a ni télévision, ni radio, ni journaux. Vous n'avez légalement pas le droit d'apprendre à lire ou à écrire. Vous ne connaissez rien d'autre de la vie que la vie d'esclave.

Étant donné que vos parents et vos grands-parents n'ont pas eu le droit de parler leur langue maternelle, vous ne possédez aucun passé culturel. Peut-être entendez-vous encore l'appel intérieur du tambour et des rythmes secrets des anciens chants tribaux qui refusent de mourir. Mais le souvenir d'être libre sera absent, et rien autour de vous ne signale la possibilité de liberté. Vous et vos descendants semblez prédestinés à vivre et à mourir en tant qu'esclaves. Tels sont les paramètres de votre univers.

Ces paramètres vous permettent peut-être de vous marier ou pas, d'avoir des enfants ou pas, de travailler dans une maison ou aux champs, de vivre ici ou là. Mais tous ces paramètres et ces conditions de vie sont déterminés par la notion d'esclavage.

Puis, un jour, vous entendez quelqu'un murmurer qu'il existe un train qui conduit à la liberté. Vous ne savez peut-être même pas ce que ces paroles veulent dire. Certains de vos amis ont entendu parler de liberté, mais la balaient d'un revers de main en avançant que ce sont des élucubrations de gens fous. Il se pourrait que d'autres personnes en ayant entendu parler se disent ceci : « Eh bien, ma vie ici n'est pas si mal que ça. Je vis dans la maison des maîtres et je mange bien. Je n'ai pas besoin de prendre le train de la liberté. » Ces gens-là se satisfont de l'état des choses.

D'autres gens, même s'ils ne sont pas satisfaits de leur vie d'esclavage, ont bien trop peur de vouloir ne serait-ce que savoir qu'il existe un train de la liberté parce qu'ils savent qu'on enverra les chiens après eux s'ils cherchent à s'échapper. S'ils sont capturés, ils risquent d'être fouettés, torturés et peut-être même tués, à titre d'exemple, pour que personne d'autre ne se risque à fuir. Ceux qui ont trop peur d'affronter ces dangers se disent peut-être ceci : « Ne me parlez pas d'un train de la liberté. Je n'en veux pas. Cela me suffit. »

D'autres s'inquiéteront en se disant ceci : « Comment vais-je me nourrir si je suis libre ? Où vais-je habiter ? Que pourrais-je faire si le train de la liberté m'emmène vers une contrée nouvelle et étrange ? Ici, je sais que c'est ma place.

Je sais d'où provient ma nourriture. Comment saurais-je quoi faire ailleurs ? Comment saurais-je quoi dire ? Comment saurais-je agir ? » Ces gens sont terrifiés à l'idée de quitter le connu et encore plus terrifiés à l'idée d'imaginer l'inconnu.

Certains pourraient s'écrier : « J'aimerais bien partir, mais mes enfants sont ici. Eux ne peuvent pas partir. Je dois rester avec eux. » D'autres se lamenteront : « J'aimerais partir, mais je ne le peux pas parce que j'aime quelqu'un et que cette personne ne peut vraiment pas partir. » Ils sont terrifiés à l'idée de perdre les relations qui les maintiennent dans un attachement.

Mais, en entendant murmurer au sujet du train de la liberté, certains considèrent ces paroles comme les nouvelles les plus importantes jamais reçues. Ils sont prêts à prendre le risque de se libérer, peu importe ce qu'il faut faire pour cela.

Il n'est pas facile d'accepter l'appel du train de la liberté. Une fois que vous avez entendu ces mots être chuchotés, vous êtes poussé à vous exposer à de graves dangers uniquement pour en savoir davantage. Vous assistez aux réunions secrètes parce que vous avez besoin de conseils pour trouver ce train de la liberté et pour savoir quoi faire une fois que vous y serez arrivé. Vous devez être très prudent parce que vous êtes constamment sous surveillance. Pourtant, vous aspirez à en savoir davantage. C'est pour vous une question de vie ou de mort. Vous ne voulez plus vivre en esclavage.

Étant donné que vous ne vous êtes jamais éloigné de plus de 75 kilomètres de chez vous, vous ne connaissez pas la route qui conduit à la liberté. Vous ne savez absolument rien à son sujet. Vous devez être prêt à partir seul à travers marécages et forêts, et à tout laisser derrière vous, si c'est ce que vous devez faire. Si vous emportez trop de bagages avec vous, vous n'y arriverez pas. Vous croulerez sous le poids de ce fardeau. Alors, seul et avec seulement quelques possessions, vous risquez tout et affrontez l'inconnu. Telle est l'épreuve du feu.

Si vous ne pouvez plus endurer un seul autre instant d'esclavage, peu importent le prix et le risque, suivez les instructions, suivez la piste et trouvez votre chemin vers le train de la liberté.

Ainsi se termine votre identification à l'état d'esclave et commence une vie de liberté.

◆◆◆

L'itinéraire et la destination

Pour commencer, le chuchotement, c'est le *satsang*. Le chuchotement vous apprend qu'il est possible d'échapper à l'esclavage. Certaines personnes peuvent uniquement supporter d'en entendre parler. Le seul fait d'entendre cette bonne nouvelle – le fait que la liberté est possible – leur suffit. Il leur faudra peut-être des années ou plusieurs vies avant qu'ils ne soient prêts à passer à l'étape suivante. Mais, au moins, ils savent que c'est possible.

La première fonction du *satsang*, c'est d'annoncer la vérité de la liberté. Parfois, il faut l'entendre à de multiples reprises pour bien comprendre. Alors, quand vous avez suffisamment entendu que la liberté est possible, l'idée de cette possibilité s'installe profondément en vous, vous tombez profondément amoureux à un moment donné, et l'accession à cette liberté devient la raison d'être même de votre Être.

Ensuite, le *satsang* est l'itinéraire comme tel, le tracé et le chemin qui permettent de trouver le train de la liberté. Le *satsang* donne la direction à suivre et signale les pièges et les obstacles qui surgiront en chemin. Le *satsang* signale aussi les signes révélateurs, ainsi que les risques de se perdre. Le *satsang* vous indique où vous vous trouvez dans le moment, vous donne une description de la destination finale et vous montre la route la plus rapide pour l'atteindre.

Puis, le *satsang* est le train de la liberté comme tel. C'est la fin de votre fardeau. Une fois que vous êtes dans le train, vous ne devez plus porter vos possessions sur la tête. Vous pouvez les déposer dans le compartiment prévu à cet effet et vous asseoir. Vous pouvez tout arrêter et laisser le train vous porter. Vous pouvez vous délester du poids de l'esclavage et vous abandonner à la grâce qui vous ramène au bercail.

Pour finir, le *satsang* est la destination, il est le bercail. Il est la liberté. Il est le lieu où vous arrivez. Combien de temps faut-il pour y arriver? Cela dépend de la distance que vous avez mise entre vous et votre Être.

À un moment donné, lorsque vous arrivez, vous riez en réalisant que vous n'êtes en fait jamais parti. Tout cela se passait seulement dans votre tête. C'est dans votre esprit que vous vous êtes vendu comme esclave. Puisque vous n'êtes jamais vraiment allé nulle part, combien de temps vous faut-il en fait pour revenir?

◆◆◆

La douceur du retour au bercail

Le *satsang*, c'est votre propre cœur qui vous parle en silence. Un silence confortant, doux et vrai. Ce doux silence arrive et vous ramène au bercail.

Le *satsang* est le miroir dans lequel vous vous voyez, dans lequel vous voyez enfin qui vous êtes et qui vous n'êtes pas. Lorsque vous savez qui vous êtes, vous réalisez à quel point il est bénéfique pour vous d'interrompre votre fausse identification à l'esclave. La véritable libération, c'est être Vous. Le *satsang* vous révèle la vérité sur Vous et sur la façon de revenir à une vie naturelle, délivrée de l'identité à l'esclavage.

Une fois que vous êtes rendu sur le rivage de la liberté et que vous vous retournez vers le passé, vous constatez que vous n'étiez pas celui que vous pensiez être. Celui que vous pensiez être ne s'est pas transformé en quelque chose d'autre. Il n'a jamais existé. Tout cela n'était qu'un cauchemar d'esclavage transmis depuis des générations, un cauchemar de division, d'aliénation et de perte d'amour créés par l'ego. Ce cauchemar a soudainement pris fin quand vous êtes sorti du rêve, quand vous vous êtes éveillé. Avec cet éveil, vous pouvez accepter et aimer la vie telle qu'elle est.

En observant le rêve à partir d'un état de conscience éveillée, vous pouvez même constater à quel point le rêve était parfait. Vous voyez que, même malgré les apparences, il n'y a pas séparation. Vous vous réalisez en tant que vérité vivante de l'amour immortel. Et alors, la vie commence.

CHAPITRE 2

Que voulez-vous vraiment ?

Dans toute vie, des questions essentielles émergent, qui exigent des réponses. Ces dernières déterminent la trajectoire de votre vie, pour le meilleur ou pour le pire. Je me souviens d'avoir affronté une telle question à l'âge de 18 ans, alors que j'étais étudiant en première année à l'université de Pittsburgh, en mars 1965. J'ai eu la grande chance d'être présent lorsqu'un appel téléphonique provenant d'un collège voisin nous a appris qu'un autocar se rendrait à Montgomery, en Alabama, pour conduire les étudiants voulant se joindre au Comité étudiant de coordination sur la non-violence pour manifester et défendre les droits civils face aux grandes exactions du moment. Tout le monde posait la même question : « Tu prends l'autocar ? »

Je n'ai pas hésité un instant, ma spontanéité étant bien plus profonde que n'importe quelle pensée. Andrew Goodman, un garçon de mon voisinage à New York, avait été découvert assassiné et enfoui dans un marécage avec deux autres employés de ce même comité. Un blanc, un révérend du nord du nom de James Reeb, qui avait pris ce même autocar, avait été battu à mort quelques jours plus tôt dans les rues de Selma, en Alabama. Les effectifs de la police repoussaient les manifestants avec des chiens et des jets d'eau. Ils attaquaient violemment les gens et les jetaient en prison. Cette situation était terrifiante et pleine d'inconnu, d'autant plus que j'étais un jeune homme juif issu de la haute société qui avait vécu une vie relativement protégée. Tous les membres de ma famille et mes amis me traiteraient de fou si je prenais cet autocar. Je mettrais ma vie en danger, je manquerais mes cours et échouerais peut-être mes examens. Et je finirais par figurer sur une liste du FBI, ce qui ruinerait toutes mes possibilités de carrière. Pourtant, je n'avais pas le moindre doute que je serais « dans cet autocar ». Ce choix qui m'avait été offert et la clarté de cette décision m'ont donné suffisamment de confiance pour ne pas me retourner.

Peu à peu, en choisissant la liberté, même en ce qui concerne la façon politique dont je la définissais à l'époque, j'ai atteint mes limites. « C'est vraiment ça que tu veux ? » me demandait la liberté. « Et en ce qui concerne cette situation, es-tu prêt à faire des compromis ? Garderas-tu le cap, ici ? » Centimètre après centimètre, année après année, j'ai fini par constater en quoi consistait ma vie et vers quoi je me dirigeais. J'étais arrivé au bord de la falaise du monde connu et j'étais forcé de sauter.

En montant dans cet autocar, l'engagement s'avérait beaucoup plus profond que le fait d'affronter quelques semaines d'aventure risquée. Finalement, j'ai dû donner toute ma vie pour monter dans l'autocar de la liberté, sans même penser en descendre un jour. À ce moment-là, cet autocar représentait un engagement à joindre le geste à la parole. La liberté demandait : « Es-tu prêt à risquer de mourir pour faire cesser la souffrance en ce monde ? » Quand la miraculeuse réponse « Oui » est montée, cette nécessité d'affronter la mort a ouvert en moi un chemin pour traverser l'océan de l'illusion et pour recevoir la vérité de mon véritable Être.

En montant dans cet autocar, j'ai fait un choix qui m'a conduit vers la voie de la libération. Mais d'autres choix m'ont conduit dans une autre direction. En effet, quand je suivais mes désirs, que je qualifiais de liberté, je découvrais que cela m'amenait à des résultats profondément souffrants. Tout comme moi, vous aussi avez été confronté à des choix qui ont modifié votre vie : rester ou partir, avoir des enfants ou pas, suivre l'élan de votre cœur ou vous accrocher à la sécurité du connu. Revenez un peu sur ces moments et voyez les résultats des choix que vous avez faits. Vous verrez les précieux moments où vous êtes profondément resté fidèle à vous-même et les moments où vous vous êtes trahi et avez suivi le courant de la normalité. Chacun de ces choix a laissé sa marque, parfois sous la forme d'une blessure ou du renforcement de la peur et du doute. Parfois sous la forme d'une révélation de l'essence la plus profonde qui soit de l'âme. Tous vos choix, qu'ils soient judicieux ou pas, sont utiles. Chacun d'eux vous montre quelque chose d'important sur vous, et tous concourent à vous aider à affronter la vérité.

◆◆◆

La question fondamentale

Je vous adresse maintenant cette question fondamentale : que voulez-vous vraiment ?

Il est surprenant de constater que la plupart des gens ne se sont jamais posé cette question en profondeur. Au lieu de ça, la plupart des gens vivent toute leur vie sans vraiment se demander ce qu'ils veulent vraiment. La plupart d'entre eux s'accommodent de ce qui se présente. La plupart se contentent d'une version, légèrement meilleure c'est à espérer, de ce que leurs parents avaient ou voulaient. D'autres encore se rebellent et s'efforcent d'atteindre quelque chose totalement différent de ce que leurs parents avaient, mais finissent par obtenir les mêmes résultats. Et bien des gens qui choisissent de devenir parents disent que ce qu'ils désirent le plus au monde, c'est de ne pas traiter leurs enfants comme leurs propres parents les ont traités. Toutefois, tous ces choix se situent dans le domaine du relatif esclavage. Il ne s'agit pas de véritables choix, mais plutôt de réactions conditionnées.

Lorsque c'est le conditionnement qui nous fait agir, tous nos choix sont ancrés dans l'ignorance. À moins de savoir qui vous êtes, tous vos choix restent ceux d'un esclave. Bien sûr, les esclaves protestent parfois pour clamer qu'ils sont en fait libres et qu'ils peuvent faire tout ce qui leur plaît. Tout, sauf être silencieux. Les esclaves n'ont pas le pouvoir du silence. Le silence est la clé qui déverrouille toutes les chaînes de l'esclavage. Tous les esclaves sont enchaînés au bruit des phénomènes qui se produisent. Quand j'emploie le terme « esclave », j'y inclus aussi bien le rôle du maître que celui de l'esclave comme tel. En effet, tous les rôles dans ce monde sont des rôles d'esclavage relatif. L'apparent maître est tout aussi esclave que l'apparent esclave. Les deux sont dépendants de l'expérience sensorielle et des voix de leur ego qui parlent dans leurs têtes.

Mon maître, Papaji, disait qu'il existe un flot d'ondes de pensée et que ce flot entraîne tout le monde vers l'aval. Certains raisonnent en se disant qu'ils suivent le courant, d'autres zigzaguent et s'imaginent contrôler les choses. D'autres encore rassemblent objets et personnes autour d'eux afin de flotter ensemble pour descendre la rivière. Beaucoup plus rares sont ceux en qui survient le désir de liberté. La liberté, c'est la disposition à prendre position exactement où vous vous trouvez, en plein milieu du courant… du mental.

Il est impossible de contenir le désir de liberté, ni de le modérer. Il est impossible de l'ajuster en fonction des attentions d'autrui. Lorsque ceux qui défilent dans le courant vous hurlent que vous êtes perdu et que vous prenez du retard dans la précipitation vers l'avant, de grandes tentations émergent en vous qui vous poussent à vous détourner de votre véritable Être et à revenir dans le courant dominant. Mais le désir de liberté n'est pas une démarche désinvolte. Il est le point d'orgue du cheminement spirituel. Il est l'aboutissement de la quête, la fin de la vie telle que vous la connaissiez. Alors, ne fléchissez pas.

Quand les adeptes disaient qu'ils pensaient vouloir la vérité, mon maître les regardait droit dans les yeux et leur demandait ceci : « Si vos cheveux avaient pris feu, que vous vous précipitiez vers la rivière et qu'en passant, certains amis vous invitaient à vous joindre à eux pour prendre un café, vous arrêteriez-vous ? Prendriez-vous même le temps de répondre ? Non, vous continueriez à foncer vers la rivière ! Tel est le désir de liberté. Il n'y a pas de temps pour s'asseoir et penser. »

Penchez-vous un instant sur la liste des choses que vous voulez. Pour la plupart des gens qui cheminent, la liste ressemble un peu à ce qui suit : « Bien sûr que je veux être libre. Mais je veux aussi réussir. Je veux aussi avoir de l'argent. Je veux que mes parents m'aiment. Je veux avoir une vie sexuelle accomplie. » Il n'y a rien de mal ni de bien à de tels désirs. Mais ils ne constituent tout simplement pas la façon de trouver la véritable liberté et le véritable bonheur. Posez-vous honnêtement la question suivante : « Est-ce que le fait de changer de circonstances, de conjoint ou d'avoir plus d'argent m'a procuré une paix durable ou un sentiment de véritable accomplissement ? Il ne s'agit pas ici de moralité ni de jugement de quelque sorte que ce soit. Ce que je vous propose ici, ce sont simplement d'habiles moyens.

Si vous croyez encore que le fait de changer quelque chose dans votre vie vous rendra heureux, c'est que vous n'êtes pas encore prêt à trouver le véritable bonheur et la véritable liberté. Mais peut-être qu'un jour, après avoir épuisé toutes les possibilités de satisfaire vos fantasmes, vous aurez enfin suffisamment perdu vos illusions sur le monde pour chercher ailleurs. Une façon plus rapide et plus directe d'accéder à la liberté et au bonheur, c'est d'établir votre liste de préférences et de désirs dès maintenant et de constater qu'aucun d'eux ne vous comblera en fin de compte parce que ce sont tous des désirs d'esclave. Ensuite, vous serez mûr. Il ne vous restera alors plus qu'un seul désir, celui de la liberté.

Ce désir se transformera en un feu dévorant, car il est le seul désir qui existe. Il s'empare de vous et il ressemble à un bûcher funéraire. Il consume tout ce qui constituait votre fausse identité en tant qu'esclave.

Et ensuite, tout est révélé. Vous accédez à une réalisation de vous qui est au-delà de tous vos rêves les plus fous. La profondeur et la durée de votre expérience dans ce vaste royaume de réalisation sont tributaires de l'intensité de votre désir. Plus vous vous abandonnez, plus ce désir vous emporte dans les profondeurs et plus il dure. Il s'agit du *samadhi* dont il est question au début de ce livre.

Mais cette expérience se dissipe aussi comme toutes les expériences, qui vont et qui viennent. Mais une certitude vous reste, qui est révélée par l'expérience, mais qui se situe cependant au-delà de l'expérience.

À un moment donné, tout ce dont vous vous êtes détourné se représente pour vous mettre à l'épreuve. Si vous ne cédez pas aux tentations, celles-ci brûlent également dans le feu de la libération. Et la réalisation s'approfondit davantage.

◆◆◆

Le désir de liberté

Une fois de plus, je vous pose la question : « Que voulez-vous vraiment ? » Je répète la question parce que vous ne pourrez pas accomplir quoi que ce soit de conséquent à moins de répondre à cette question du plus profond possible de votre Être. Une fois que vous y répondez, une réévaluation radicale de votre vie pourra vous amener dans une direction totalement nouvelle.

La plupart des gens consacrent leur vie à obtenir ce qu'ils pensent vouloir. Le problème, c'est que la plupart des gens ne savent pas ce qu'ils veulent vraiment. La plupart sont soumis aux désirs conditionnés de leur famille et aux désirs façonnés par la société, leurs fantasmes inconscients étant projetés sur le monde extérieur. Ils passent ainsi leur vie à s'investir dans de faux désirs et de fausses envies.

Les gens savent pour la plupart seulement définir ce qu'ils veulent par rapport à ce qu'ils ont déjà ou n'ont pas encore, par ce qu'ils veulent réparer ou éliminer, par ce qu'ils veulent garder ou amplifier. Tout cela, relations y comprises, appartient au domaine des objets, alors que la notion d'appartenance à ces objets est uniquement la projection de l'ego. L'ego, soit le mental, se racontera une histoire quant à qui il est, comment il se sent isolé, seul et coupé de tout. Pris au piège de l'habitude de l'identification erronée et de la souffrance, il défend désespérément son espace.

Les gens disent aussi parfois qu'ils ont une famille, des enfants. Croyez-vous que vos enfants soient mieux lotis avec un parent névrosé qu'avec un parent éveillé ? Croyez-vous que l'esprit de doute en vous qui s'efforce de déchiffrer et de créer le futur soit plus fiable et responsable que l'amour illuminé ?

Les gens pris au piège de l'ego évitent en fait ce qu'ils veulent réellement. Mais aussi longtemps qu'il existe une sensation de division, il existe également une profonde et véritable aspiration à l'union correspondante. Aussi longtemps qu'il existe de la peur et une sensation d'isolement, il existe aussi une profonde et véritable aspiration à revenir au bercail.

Ce que je conseille, c'est de dire la vérité en ce qui concerne le moment où vous vous êtes détourné de cette aspiration à l'unification. Ainsi, vous trouverez le temps à accorder à votre cœur et à son appel profond et sincère. À moins que vous ne dévoiliez au grand jour toutes les auto-trahisons, vous sabotez inconsciemment ce que vous voulez réellement. Par auto-trahisons, j'entends tous les moments où vous avez vendu ou où vous avez accepté quelque chose qui se situait en dessous de la vérité profonde de votre cœur.

Soyez prêt à rester fidèle à votre plus profonde aspiration à la vérité malgré tous les appels inconscients qui émanent de l'océan de l'ego, puisque les formes-pensées essaient de vous ramener vers les désirs de l'inconscient.

À la fin, le désir de liberté transcende tous les autres désirs. Ce désir est le seul véritable désir de la vie humaine.

Autrefois, la prise de conscience de ce désir était rare. Mais l'humanité entre actuellement dans une nouvelle phase. Soit nous évoluerons rapidement, soit nous détruirons la Terre. Le choix nous appartient. Le moment est maintenant venu pour les gens ordinaires de se réveiller. Pas besoin d'être un grand saint pour cela. Le seul fait que vous soyez vivant et suffisamment intelligent pour lire ce livre indique que vous êtes prêt à faire le prochain saut évolutif. Vous êtes prêt à passer de l'isolement égoïste, qui détruit le monde, à la béatitude de l'unification, qui est la garante de la guérison de la Terre. Peut-être que le seul espoir pour notre planète dépend de notre volonté à vouloir mettre fin à notre propre souffrance.

Tout est vain à moins que le désir de vérité, de liberté et d'amour ne survienne. La vie concerne uniquement le « moi » et le « mon histoire » de la « réalité ». Une fois que le désir de liberté monte, il devient le fondement de l'Être, l'axe central autour duquel la vie tourne. Et c'est le début de la fin. C'est le signal que la quête est terminée et que la réalisation commence.

L'éveil, c'est la fin du vouloir et le début de la découverte.

◆◆◆

La maturité spirituelle

Lorsque vous êtes esclave de l'identification à l'ego, vous êtes convaincu qu'il y a un « moi » et aussi un monde, et que vous devez faire quelque chose pour manifester le bien et écarter le mal. Ce « moi » semble être le fondement de votre Être. Ce « moi » passe de bons moments et aussi de mauvais moments. Vous aimeriez bien vous en tenir aux bons moments et vous débarrasser des mauvais moments.

En mûrissant, vous réalisez que les bons moments ont toujours une fin. Les plaisirs de courte durée portent inévitablement en eux l'après-goût de la souffrance qui dure, elle. Pensez-y un peu. Si vous repensez aux joies passées, pouvez-vous dire qu'elles ont jamais duré ? Quoi que ce soit qui a suscité de la joie en vous, pouvez-vous dire que cette joie vous a suffi et vous permet de dire que vous êtes comblé et que vous n'avez besoin de rien d'autre ? Les circonstances changent et, quand elles le font, les émotions et les états ayant été causés par ces circonstances disparaissent. Les êtres chers décèdent, les emplois changent, l'argent va et vient. L'enfilade des circonstances fait que votre moral grimpe ou plonge, sans arrêt.

Tous les egos veulent maintenir les hauts et se débarrasser des bas. Mais la sagesse revient à comprendre que vous ne trouvez jamais véritable accomplissement, joie et bonheur de cette façon. La joie spontanée est inconditionnelle, pas déterminée par les allées et venues des circonstances. Le fait de reconnaître cela est un des indices de maturité spirituelle.

Une fois que vous avez compris la nature de la souffrance et la possibilité de liberté, vous êtes prêt à réfuter toutes les idées de ce que vous pensez être pour pouvoir trouver la vérité. Et dans cette vérité, vous découvrez la joie qui ne se dissipe pas ou ne change pas avec les circonstances.

Pour la plupart des gens, l'ignorance est une béatitude. La plupart d'entre eux se satisfont d'avoir le plus de plaisir possible et le moins de souffrance possible. Ce qu'ils expriment ainsi, c'est le désir de faire taire la conscience de soi et de revenir à une vie animale. C'est le désir qui vous incite à remonter les couvertures par-dessus votre tête et à essayer de dormir en ignorant le monstre qui est avec vous dans la chambre.

Mais pour ceux qui sont spirituellement mûrs, pour ceux qui sont prêts à réaliser le réel et le vrai, cet évitement ne fonctionne plus. La mesure selon laquelle vous êtes mûr et prêt à mettre fin à votre souffrance correspond à la mesure selon laquelle vous devenez conscient de votre profonde et authentique aspiration à revenir au bercail.

Nous vivons à une époque exceptionnelle. Peu importe s'il a été difficile de se réaliser par le passé, c'est maintenant le moment de le faire. Peu importe d'où vous venez, que vous meniez une vie de saint ou pas, il vous est possible, immédiatement, de connaître l'éveil. Soyez prêt à laisser tomber tout ce que vous croyez savoir, ne serait-ce que pour un instant.

Pour un instant, restez silencieux. Dans cet instant, le temps et l'espace s'ouvrent. Et cette ouverture est la chance à saisir pour trouver la réponse à la question « Qui suis-je ? ».

Je suis ici pour vous dire que si vous avez ce livre entre les mains, si vous êtes arrivé jusqu'à ces mots, c'est que vous êtes prêt à connaître la réponse à la question fondamentale de votre cœur. Vous êtes arrivé dans ce rêve collectif avec une seule et unique raison d'être : vous éveiller et comprendre la vérité quant à cette situation. Comprendre que vous êtes amour sans forme et sans limites temporelles. Vous êtes amour immortel et vous êtes déjà revenu au bercail.

PARTIE 2

LA NATURE DE LA RÉALITÉ

CHAPITRE 3

Les métaphores de la condition humaine

Dans la Partie 1, je vous ai raconté l'histoire de l'esclave qui entend parler du train de la liberté pour la première fois. Ci-dessous, je vous confie quelques autres métaphores qui donnent le ton de la condition humaine et préparent le terrain pour notre exploration de la véritable nature de la réalité.

La danse des poules

Il y a quelque temps, j'ai lu un article de Calvin Trillin dans le *New Yorker*, article qui a fait remonter chez moi un souvenir d'enfance. Dans les années 1950, alors que je grandissais dans la ville de New York, nous partions parfois en famille visiter quartier chinois. Il y avait une salle de jeux où se trouvaient trois loges différentes de poules qui se donnaient en spectacle. Pour quelques sous, un rideau se soulevait dans une des loges, la chanson *Turkey in the straw* (Une dinde dans la paille) commençait à jouer, et une poule arrivait et se mettait à danser sur la musique. En mettant une autre pièce dans la loge suivante, une autre poule arrivait et jouait du piano. Et avec une autre pièce dans la troisième loge se présentait une poule qui jouait au jeu du morpion avec vous (tic-tac-toe). À la fin de chaque exhibition, une fente s'ouvrait, et du maïs en tombait pour nourrir la poule.

Dans une certaine mesure, tous les gens dans le monde ressemblent à ces poules qui se donnent en spectacle pour du maïs. Peut-être que ces poules dansant sur de la musique se sentent supérieures parce qu'elles peuvent s'exprimer avec leur corps. Les pianistes sont également fiers de pratiquer leur art et se sentent spéciaux en raison de leur sensibilité émotionnelle, alors que les joueurs de morpion (tic-tac-toe) se sentent supérieurs parce qu'ils utilisent leur esprit et non pas leurs fesses pour obtenir de la nourriture.

Vous demandez-vous si ces poules ressentent une aspiration existentielle à rejoindre leurs congénères ? Ou bien si, trop occupées à danser pour obtenir du maïs, elles ne remarquent pas que les choses ne sont pas telles qu'elles devraient être ? Peut-être sont-elles trop suffisantes en raison de l'abondance de nourriture pour ne jamais se poser de questions sur la véritable nature de la réalité ?

Ces trois métaphores de la condition humaine évoquées par ces trois gallinacés — par la danse physique, le jeu émotionnel du piano et le jeu mental du morpion — sont les expressions de nos propres façons de nous identifier à quelque chose lorsque nous sommes en quête de maïs. Chacune d'elles cache notre véritable identité, notre véritable essence.

Une réaction conditionnée, qu'il s'agisse de danser pour obtenir du maïs ou de mettre une cravate pour aller travailler, fait d'abord l'objet d'une programmation, qui est ensuite intériorisée, personnalisée et transformée en quelque chose de spécial. Une fois que quelque chose est personnalisé, cette chose fait intégralement partie d'une histoire intérieure que nous nous racontons et qui explique et justifie la raison pour laquelle nous faisons ce que nous faisons. Lorsque nous exécutons nos divers petits numéros de danse, nous, les êtres humains, nous pensons que notre numéro est spécial et sommes blessés si les autres ne le voient pas ainsi. Parce que nous assimilons notre numéro à notre Être, nous ressentons de la fierté ou de la honte, nous nous sentons compris ou incompris. Par contre, nous ne remarquons jamais que tout cela a lieu pendant que nous jouons des coudes pour obtenir notre maïs.

Nous vivons depuis longtemps sur une planète d'esclaves. Chacun de nous ici-bas est programmé depuis sa naissance pour personnaliser sa quête de provende. C'est en fait la prison mentale qui maintient tout un chacun en rang, obnubilé par sa mangeoire, et passant à côté de la vie.

Les éleveurs ont appris que la diffusion de musique dans les poulaillers rend les animaux plus dociles quand on les conduit à l'abattoir. De la même façon, les humains sont rendus dociles et esclaves de leurs ondes personnalisées de musique de poulailler. Il s'agit en fait du babillage radiophonique qui court dans notre tête, apparemment sans cesse, et qui fait ses commentaires sur « moi » et sur « mes » circonstances de vie. C'est ce babillage qui décide quel choix de vie faire tout en faisant la queue pour avoir le maïs qui finalement conduira à l'abattoir.

Tout le monde siffle dans le noir et danse aussi vite que possible en se rendant à l'abattoir. Mais le moment est venu d'arrêter cette danse des poulets, de faire totalement cesser la musique de poulailler qui joue dans notre tête et de découvrir ce qui existe avant tout mouvement et tout bruit. Alors, lorsque la pulsion à chercher du grain monte, nous aurons le choix de la suivre ou pas.

◆◆◆

La métaphore des films

Le grand mystique et sage indien Ramana Maharshi employait souvent la métaphore des films pour expliquer la nature de la réalité. Nous aimons beaucoup regarder des films, pourtant à un niveau à peine inconscient, nous savons que ce que nous voyons est uniquement de la lumière colorée. Mais il nous faut ignorer cela pour pouvoir apprécier le visionnement du film.

Nous rions, nous pleurons et nous nous investissons dans le film comme s'il était réel. Pendant ce temps, il ne s'agit réellement que de lumière émanant d'un projecteur. Pour pouvoir voir la lumière, nous devons tourner le dos au film. Mais si nous sommes totalement identifiés à l'histoire du film, nous ne voudrons pas lâcher l'écran des yeux. Par contre, pour percevoir la vérité de la situation, nous devons être disposés, pour un instant, à nous détourner du film, totalement et complètement, et à diriger notre regard vers la lumière.

◆◆◆

Notre film personnel

Nous avons tous notre film personnel, intitulé *Moi et ma vie.* Le projecteur est ce que nous appelons le « mental ». Ce dernier est un prisme. C'est une conscience cristallisée à une certaine densité. La lumière brille à travers le mental et est ensuite réfléchie et projetée dans le monde sous la forme de « moi et mes objets » ou « moi et mes relations ». Pour l'instant, nous appellerons la lumière invisible qui brille à travers le mental pour projeter notre monde la « lumière de l'âme ».

Nous jouons chacun notre rôle dans le monde. Nous y vivons et nous y mourons constamment. À d'innombrables reprises, toute l'humanité vit et meurt dans cette projection que nous appelons « réalité ». Nous, les humains, nous sommes terrifiés à l'idée de détourner notre attention du film et encore plus à celle de quitter la salle de cinéma. Jusqu'au jour où, par l'intermédiaire de la grâce, nous entendons parler d'un monde qui existe en dehors du cinéma. Ce monde extérieur au film fait voler en éclats les plus grands fantasmes du mental qui regarde le film. Le monde en dehors du film est hors de la portée du mental.

◆◆◆

Une autre façon de concevoir la métaphore du film est d'imaginer que les films sont promus pour la première fois, avant que quiconque ne les ait vus. Vous ne savez pas à quoi vous attendre, pas plus que vos voisins. Supposons que la première séance soit annoncée de la façon suivante : « Venez vous asseoir dans une salle obscure avec une centaine d'inconnus pour faire l'expérience par procuration d'une histoire d'amour, de comédie, de tragédie, de sexualité ou de violence. » Ce genre de publicité pourrait attirer certaines personnes, mais pas le gros de l'auditoire moyen.

Pour que les films marchent, nous devons ignorer le fait que nous sommes assis dans une salle obscure en compagnie d'inconnus et nous concentrer uniquement sur l'histoire qui se déroule sous nos yeux. Une des façons dont, en tant que groupe, nous omettons de reconnaître que nous sommes assis dans une salle obscure, c'est que nous resserrons émotionnellement les liens entre nous en devenant des spectateurs. Nous nous sentons liés aux autres par l'expérience commune que nous vivons ensemble. En tant que groupe, nous ignorons la réalité pure et dure que nous sommes des inconnus assis ensemble dans une salle obscure animée de lumière colorée. En ce qui concerne la structure de l'ego, le déni et l'ignorance fonctionnent de façon similaire, alors que nous jouons à faire semblant de croire à notre histoire et que nous ignorons la réalité.

Lorsque je parle de tourner les yeux vers la lumière, je ne parle pas d'ajouter une idée de plus à votre film ni de changer de bobine ou de salle de cinéma. *Je parle de la non-réalité essentielle de tous les films.* Lorsque vous renoncez à toute identification au film « moi et mon-ma », vous verrez ce qui reste. Lorsque l'identification à tout disparaît pendant un instant, le véritable vous, l'Être, continue de vivre en tant que conscience individualisée, pas seulement avec une plus grande présence et une plus grande intelligence, mais aussi, enfin, dans la paix.

CHAPITRE 4

À partir du néant

La vie humaine est un moment précieux, rare et éphémère. Mystérieusement, les êtres humains que nous sommes ont la capacité double de se pencher sur leur mortalité et de faire l'expérience de l'immortalité. Pour faire de notre vie quelque chose qui en vaille la peine, pour arriver à l'accomplissement de notre plus haut potentiel, nous sommes amenés à découvrir et à reconnaître la réalité. La réalité est ce qui est immuable, ce qui ne va ni ne vient, n'apparaît ni ne disparaît. La réalité n'est jamais venue au monde et ne meurt jamais.

Dans notre monde, qui est une minuscule planète tournant autour d'une étoile relativement petite dans un coin éloigné d'une galaxie mineure, la vie est survenue plutôt récemment. Lorsque nous considérons l'univers dans sa perspective la plus vaste, la vie humaine sur Terre vient à peine de commencer. Le reste de notre vie sur cette planète pourrait bien dépendre de notre éveil.

Les répercussions du « Je »

La principale contribution de la tradition judéo-chrétienne au phénomène global du mythe de la création est la suivante : « Au commencement, il y eut la parole. Et la parole était avec Dieu. Et la parole était Dieu. » (Jean, 1 :1).

Utilisons le mot « pensée » à la place de « parole ». Au commencement, il y eut la pensée. La pensée était « Je ». La pensée de « Je » est avec Dieu. Et la pensée de « Je » est Dieu.

« Je » est la pensée qui explose sous la forme de l'univers. Cette pensée de « Je » émane du néant et est un reflet du néant. En tant que reflet, elle semble se distinguer du vide. Mais comme le vide avant la naissance de l'univers englobe tout, comment quoi que ce soit pourrait-il être un reflet, quelque chose de distinct ?

Ni l'univers ni le mental ne sont distincts ou fondamentalement différents de ce dont ils sont le reflet. Tout comme une minuscule partie d'un hologramme contient en elle l'image tout entière, le reflet lui aussi contient le tout et est compris dans le tout. Tout ne provient que d'une seule pensée « Je ». Pas le moindre minuscule élément ni la plus grande des galaxies ne sont dissociés de cette première pensée « Je », pas même vous.

Tout le monde dit « Je ». « Je suis l'Étant » fut la première déclaration de Dieu au prophète Moïse. Le premier des dix commandements — qui n'est pas en fait un commandement du tout, mais un énoncé de fait — est une mauvaise traduction de « Je suis l'Étant ». Le « Je » est l'écho du son de l'univers. Il vibre dans chaque particule subatomique et dans chaque galaxie. En sanscrit, ce son est *Aum*.

◆◆◆

L'Être cosmique unique

Le temps et l'espace ont été créés avec la première pensée, «Je». Cette pensée se cristallise en dimensions et en mondes d'énergie et de matière. L'univers accouche de lui-même sous la forme de l'Être cosmique unique. Ce dernier se manifeste à travers toutes les formes. Chaque individu est un prisme unique de l'unique «Je» de Dieu. Chacun de nous est un aspect de la personnalité de la divinité.

L'Être cosmique unique possède un nombre infini de cellules – galaxies, systèmes stellaires, planètes, âmes, humains, insectes, poussières, atomes, particules subatomiques –, tout ce qui existe dans le macrocosme et le microcosme de l'univers. Ainsi, le cosmos s'apparente au corps humain, qui est composé d'innombrables cellules dotées d'une myriade de fonctions et de durées de vie différentes. Des millions de globules rouges dans votre corps meurent et naissent pendant que vous lisez ces mots. Ces cellules, pour lesquelles vous êtes l'Être cosmique, dépendent du soin que vous leur accordez et d'un bon jugement pour que leur univers soit maintenu en vie.

L'Être cosmique que nous qualifions d'univers possède des pouponnières où de nouvelles étoiles apparaissent, et de nouvelles galaxies sont créées. Cet Être cosmique contient également de vieux soleils consumés et des trous noirs qui avalent le temps et l'espace. Ces cycles de création et de destruction se répercutent eux aussi dans toutes les dimensions. Dans notre état second culturel, ils se manifestent sous la forme de jardins et de garderies d'enfants, ainsi que sous la forme de quartiers délabrés qui dévitalisent l'air. Ils se manifestent aussi en chacun de nous quand nous mettons au monde de nouvelles créations et quand nous nous vidons par nos trous noirs émotionnels.

Aussi bien sans forme que sous la forme de l'univers, l'Être cosmique est sorti de son sommeil étoilé de rêve inconscient. L'Être cosmique s'est manifesté en tant que conscience réfléchie ayant la capacité de se réaliser sous une forme. C'est ce qui se passe aussi à votre niveau, cher lecteur. Vous avez le potentiel de sortir du rêve et de réaliser la vérité fondamentale de votre Être en tant qu'intelligence sans forme que nous appelons l'« Être cosmique ».

◆◆◆

Brève mythologie scientifique de l'univers

Prenons maintenant le temps de nous pencher sur ce qui vient et va, sur ce qui naît et meurt, pour voir à quel moment nous avons pris ce qui est impermanent pour la réalité.

Avant l'avènement de l'univers, il n'y avait pas de temps, pas de dimension et pas d'espace. On qualifie souvent cette réalité de vide, étant donné que l'esprit ne peut pas concevoir ce qui précède tout ce qui existe.

C'est à partir du vide total, du néant, que l'apparence de forme émerge. Cette première forme se manifeste en tant que point unique et minuscule, qui finit par exploser en un *big bang*. Et ce point continue d'exploser de nos jours. Tout ce qui existe maintenant existait dans ce point. L'univers est en fait l'expansion de l'explosion de ce point. Rien dans l'univers n'a été ajouté ni enlevé qui n'émane pas de ce minuscule point. Ce point est la pensée « Je ».

La première explosion du *big bang* peut encore être entendue et vue actuellement avec les instruments appropriés de mesure. Les confins de cette explosion marquent la limite de notre univers connu. C'est la limite que nous ne pouvons pas encore dépasser. C'est aussi bien notre matrice que notre état second.

En vérité, l'univers que nous percevons émane simplement de l'avènement d'une apparence à partir du vide. Il n'est pas permanent. L'univers est né et mourra, comme c'est le cas de toutes les pensées. La seule question est comment et quand.

Le vide est toujours vide, même sous l'apparence d'un univers, parce que l'univers, qui émane du vide, doit nécessairement être fait de vide. Il n'y existe aucune substance permanente. Chaque fois que nous y regardons de très près, la matière nous échappe pour finir par disparaître.

La matière qui semble être solide n'est en fait qu'une apparence temporaire. Elle peut aussi exister sous la forme d'une onde d'énergie mobile. Constamment en mouvement, l'univers matériel apparaît et disparaît. Pourtant, nous persistons à vouloir considérer le monde comme s'il était solide et réel parce que nous croyons nous-mêmes être solides et réels.

Si on le considère comme étant de la matière solide, l'univers ne pourra jamais livrer le secret de ce qui existe avant la création, tout comme le fait de vivre dans une bulle et d'en explorer minutieusement l'intérieur ne révélera jamais la nature de la vie en dehors de la bulle ni la nature du créateur de la bulle.

L'univers est beaucoup plus intelligent que la matière inerte. Il fonctionne dans le but de réveiller le rêveur et de lui faire voir la vérité de la réalité avant que l'univers ait pris forme. L'univers est un processus intelligent qui donne vie aux organismes — dans notre cas, des êtres humains — capables de se pencher intelligemment sur l'expérience paradoxale de la forme transcendant la forme.

◆◆◆

Les ingrédients de la vie

Dans notre univers de naissance et de mort, les premières étoiles ont explosé il y a bien longtemps. Le centre en feu des premières étoiles a consumé les gaz simples du cosmos pour produire des atomes plus gros et plus complexes comme le carbone. Émanant de la vie fondée sur le carbone, les humains sont en fait les briquettes de charbon de bois des premiers soleils. Cuits dans des fours solaires, les composantes de base de la vie pleuvent sur d'innombrables mondes.

Sur Terre, la vie émane d'un processus au sein duquel les substances chimiques simples de la mer primordiale se regroupent à un moment donné en gènes. Après des millions d'années, ces gènes se liguent pour créer une barrière qui leur permettra de se protéger. C'est ainsi que naissent les premiers organismes unicellulaires. Un organisme unicellulaire constitue la première combinaison spatiale de survie. Certains organismes unicellulaires ont évolué, alors que d'autres sont restés à ce stade. La Terre est encore principalement peuplée d'organismes unicellulaires, que nous avons nommés bactérie, plancton, etc.

Les humains sont une confédération évoluée de cellules collaboratives – comme celles du sang, du cerveau et du foie – regroupées dans une enveloppe protectrice de cellules que nous appelons la peau. Nous pouvons tous nous considérer comme un ensemble de colonies de cellules rassemblées dans une enceinte close et dotée d'un tube d'alimentation ouvert à une extrémité pour recevoir des nutriments et, à l'autre extrémité, d'un tube ouvert pour éliminer les déchets. Est-ce ce dont vous parlez, quand vous dites « Je » ?

◆◆◆

Sortir de l'état second

Nous naissons tous dans un rêve que nous avons appris à appeler « réalité ». La plupart des gens tiennent pour acquis que la réalité est ce qu'ils peuvent voir, entendre, toucher, goûter et sentir. Nous savons que les humains ne voient qu'une infime partie du spectre lumineux, qui s'accompagne d'un énorme spectre électromagnétique de basses et de hautes fréquences de radiation, y compris les fréquences radio, les micro-ondes, l'infrarouge, l'ultraviolet, les rayons X et les rayons gamma que nous ne pouvons pas voir.

Et si nous pouvions voir encore plus loin que ce spectre-là ? Nous verrions des auras et un afflux d'énergie. Nous verrions qu'il n'existe pas de confins solides, que tout coule énergétiquement dans tout. Appellerions-nous alors cela la réalité, comme nous qualifions de réalité ce que nous voyons ?

Et qu'en est-il de ce que nous entendons ? Et si nous pouvions augmenter notre plage auditive limitée pour pouvoir entendre ce que les chauves-souris, les dauphins et les baleines entendent ? Notre définition de la réalité changerait-elle ? L'univers tout entier est du son qui vibre à des fréquences diverses, créant ainsi divers rythmes et tons. Et si nous pouvions entendre le mouvement des sphères célestes ? La béatitude renversante qui survient quand on fait directement l'expérience du son de l'univers apparaît parfois dans les moments d'absorption extrême dans le véritable Soi.

Si l'univers est une apparence et si ce que nous voyons et entendons n'est qu'une infime fraction de cette apparence, qu'est-ce que la réalité ? Les êtres humains vivent dans un très infime spectre d'expérience qu'ils appellent « ma vie ». Toutefois, en tant que conscience sans forme, nous détenons le pouvoir de découvrir la vérité derrière l'apparence limitée. Nous pouvons voir au-delà du rêve pour trouver la source.

◆◆◆

La lumière dans l'obscurité

Dans la mythologie hindoue, il existe un Être cosmique, connu sous le nom de Vishnu, qui existe avant tous les univers et qui perdure une fois que tous les univers sont retournés au vide. C'est du nombril de Vishnu que sort Brahma et de Brahma qu'émane l'univers. Selon cette ancienne histoire de la création, d'innombrables et incalculables univers ont été créés, chacun d'entre eux émanant de Brahma et y retournant, tout comme un nombre incalculable de Brahmas émanent du nombril de Vishnu et y retournent.

Chaque fois que Brahma ferme les yeux, c'est la nuit cosmique et l'obscurité qui dure pendant une éternité. Lorsque Brahma ouvre les yeux, l'univers est inondé de lumière, et un âge d'or de sagesse et de bienveillance voit le jour. Selon ce récit de sagesse, nous nous trouvons actuellement dans la période *kali-yuga,* une période d'obscurité. La bonne nouvelle malgré cette situation difficile, c'est qu'il est beaucoup plus facile de voir la lumière dans un monde obscur. Même dans l'obscurité totale, la lumière brille en permanence et nous incite toujours à revenir au bercail à jamais.

CHAPITRE 5

Les voiles de l'illusion, la transse du mental

Dans le Vedanta, la transe du mental est qualifiée de jeu de maya. Maya étale ses voiles d'illusions, bloque la lumière et projette des ombres. Sous la lumière pure, il n'existe aucune illusion. Dans l'obscurité totale, aucune forme n'est visible. C'est seulement dans le pays des ombres renvoyées par la lumière que les formes du monde apparaissent dans leur danse et dans leur jeu constamment en changement.

La lumière de la conscience est constamment présente. Le voile apparent qui la recouvre indique son pouvoir à créer l'illusion d'un univers, afin qu'elle puisse se rencontrer, se voir et s'aimer.

Une coupe de maya

Un jour, en Inde, par une chaude journée, un adepte était assis sous un arbre en compagnie de son maître. Il s'adressa au maître, car il voulait comprendre le secret de maya. Après quelques hésitations, comme pour vérifier si l'adepte était prêt, le maître répliqua qu'il répondrait à la question si l'adepte allait lui chercher une coupe d'eau au puits d'un village voisin.

L'adepte se rendit au village et attendit son tour près du puits. La plus belle des femmes se tenait devant lui dans la queue. Il n'avait jamais vu une beauté pareille avant. Il sut dans son cœur qu'il venait de rencontrer son âme sœur, la personne faite pour lui dont il avait toujours rêvé en secret. Enhardi par son cœur débordant, il lui adressa la parole. Étonnamment, elle ressentait la même chose à son sujet. Les deux se dirent que c'était la destinée qui avait voulu qu'ils se rencontrent ainsi. Le jeune homme demanda à la jeune femme de l'épouser. Elle accepta à la seule condition que son père donne son accord, alors qu'à cette époque tous les mariages étaient arrangés entre familles.

La jeune femme ramena le jeune homme chez elle pour le présenter à son père et lui demander sa permission. Même si le jeune homme avait peur et ne savait que dire, dès qu'il entra dans la maison de la jeune femme, toute sa nervosité se dissipa. Ce foyer était si chaleureux et accueillant qu'il se sentit en paix. La famille de la jeune femme l'accueillit comme un fils perdu de vue depuis longtemps, et le père de la jeune femme donna son accord à condition que le couple reste dans le village. En retour, il leur donnerait une magnifique ferme où ils pourraient vivre. Le jeune homme accepta.

Après une splendide cérémonie de mariage, le couple aménagea dans sa nouvelle demeure. Le père avait donné à sa fille tout ce qui était possible pour son bonheur : un beau foyer, une bonne terre et des animaux de ferme. Le jeune homme et la jeune femme s'aimèrent et apprécièrent la demeure qu'ils partageaient. Ils eurent rapidement des enfants, tout d'abord un fils et ensuite, une fille. C'était la vie dont le jeune homme avait toujours rêvé, mais qui lui avait toujours semblé hors de portée. Lui et sa femme vivaient ensemble une vie bénie.

Et la vie continua ainsi jusqu'au jour où un énorme vacarme d'une explosion leur parvint de la montagne. Un orage se transforma en une grosse inondation. Lorsque la famille entendit ce vacarme, ils se mirent tous à courir. Portant sa fille sur les épaules, l'homme prit sa femme d'une main et son fils, de l'autre. Ils essayèrent de se frayer un chemin vers un endroit surélevé. Mais l'eau les prit de vitesse. Ils se retrouvèrent avec de l'eau jusqu'à la taille et virent leurs animaux être emportés par le courant. Leur maison fut broyée et emportée. Tout d'un coup, le petit garçon lâcha la main de son père et glissa dans le flot torrentiel. En faisant un mouvement pour sauver son fils, sa fille tomba de ses épaules. Et en essayant de rattraper ses enfants, l'homme lâcha la main de sa femme. Elle aussi fut emportée.

L'homme resta incrédule devant la tragédie qui le frappait. Il pleura de douleur et de désespoir d'avoir perdu les siens alors que les eaux furieuses tourbillonnaient autour de lui. Il sentit qu'il était la victime de forces hors de son contrôle. Alors monta en lui une vague de haine contre ces forces qui avaient détruit tout ce qu'il aimait. Il sanglota, et ses larmes tombèrent dans l'eau boueuse tourbillonnante.

À mesure que ses larmes coulaient, une à une, l'eau devint de plus en plus calme.

Alors, il entendit une voix lui dire à l'oreille : « Où est mon eau ? »

En un éclair, il réalisa qu'il était en train de pleurer dans une coupe d'eau près du puits.

Il se prosterna devant son maître, car il avait compris en profondeur la nature de maya, de l'illusion.

◆◆◆

Le mystère de maya

Peut-être vous est-il arrivé de regarder l'horizon sur la mer, l'endroit où elle semble rencontrer le ciel. Même si notre raison et nos connaissances nous disent qu'il en va autrement, l'océan et le ciel semblent tout de même se rencontrer en une ligne droite au bord de la terre. Dans le même ordre d'idée, lorsque nous levons les yeux, nous voyons un ciel bleu. Même après avoir volé à haute altitude et avoir constaté que l'air n'a pas de couleur du tout, le ciel continue de nous apparaître comme bleu.

Ces illusions d'optique, semblables au mirage de l'eau dans un désert, constituent une démonstration superficielle du pouvoir du mental. La transe hypnotique de l'illusion fait en sorte que le ciel semble bleu et la Terre, plate. Sur un plan plus fondamental, cette transe, cet état second, donne à la matière une apparence solide et réelle. Maya dissimule la véritable réalité de l'intelligence sans forme sous la forme d'un secret ouvert au sein d'apparences contradictoires. De cette transe de l'illusion, il émane un des plus grands pouvoirs du mental, le seul pouvoir plus grand que le mental, le silence. Le grand mystère de la transe de l'illusion réside en son pouvoir de rendre ce qui est intangible tangible, produisant ainsi des apparences comme un « vous » et un « moi ».

C'est de ce grand pouvoir du mental à créer l'apparition-apparence de quelque chose à partir du néant qu'émane la première pensée « Je », élément que nous avons abordé au chapitre précédent. La première pensée, « Je », se répercute dans les innombrables prismes de toutes les formes de vie, à la façon des miroirs multidimensionnels d'une baraque de foire. Une fois qu'il y a un « Je », un monde apparaît, au sein duquel il existe d'innombrables « vous » et « moi », qui naissent et meurent en énormes et continuelles vagues. Chaque personne qui naît est un « Je », se dit un « Je ». Le mental joue les mêmes tours, qu'il s'agisse de créer un univers ou un enfant.

À chaque personne sur la planète Terre correspondent 900 milliards d'étoiles qui contiennent d'innombrables planètes et, sans aucun doute, des myriades de formes de vie. Quelle est l'importance d'une vie humaine à l'échelle cosmique ? Et pourtant, chaque minuscule bip-bip que nous qualifions de vie humaine vibre à partir d'un cœur central du « Je ».

Si vous vous penchez en détail sur l'origine de la pensée « Je » et que vous laissez toute pensée derrière, au seuil de l'inconnu, vous finirez par reconnaître le véritable « Je » et vous atteindrez la réalisation ultime.

◆◆◆

L'apparence de dualité

La transe de l'illusion, c'est l'apparence de dualité. Tout d'abord, la dualité consiste en l'expérience de la différenciation, qu'il s'agisse de la différenciation par rapport à une autre personne, à eux, à la nature ou même au créateur. Mais la dualité est plus que cette différenciation par rapport à autrui : elle est la différenciation par rapport au véritable Soi. Cette dualité a cependant une raison d'être. Même si elle permet à l'ego d'exister, comme nous le verrons plus en détail à la Partie 3, elle permet aussi de trouver le chemin de la libération. Bien que la dualité puisse être la source de la souffrance, elle nous permet également de retrouver le chemin vers l'unité.

◆◆◆

Un invité de l'ADN

La meilleure description que j'ai trouvée du rapport entre la génétique et l'évolution se trouve dans deux livres révolutionnaires écrits par Richard Dawkins. Publié par Dawkins en 1978, *Le gène égoïste* continue d'être un excellent ouvrage sur le sujet pour le grand public. Dans ce livre, Richard Dawkins nous fait également part de sa découverte avant-gardiste sur les mèmes, concept qui est maintenant largement répandu dans notre culture. Quant à l'ouvrage *Il était une fois nos ancêtres,* c'est un de mes livres préférés (je l'ai lu trois fois). Il explique la génétique évolutionnaire ainsi que notre place dans le royaume animal. Ce qui suit sont mes intuitions non académiques fondées sur ce que j'ai appris de Dawkins et de l'auteur scientifique Jared Diamond.

Nous pouvons considérer le développement relativement récent de notre néocortex, là où nos fonctions cognitives supérieures semblent résider dans notre cerveau, comme une stratégie avancée de survie par rapport au cerveau reptilien. La plus ancienne partie du cerveau, le cerveau reptilien, est encore une partie essentielle de nous puisqu'elle joue un rôle vital en régulant nos fonctions de survie. L'ajout évolutionnaire plus récent du système limbique et ensuite de celui du néocortex constituent des améliorations, même si le cerveau reptilien continue de fonctionner en toute tranquillité sous eux. Au moment où vous lisez ces mots, votre cerveau reptilien est à l'œuvre : il régule votre respiration et la température de votre corps. L'animal humain peut survivre à de sérieux dommages aux nouvelles parties du cerveau, mais sans le cerveau reptilien, il meurt. Vous considérez-vous comme un reptile évolué lorsque vous dites « moi » ?

Sous un certain angle, ce que nous appelons un être humain est en réalité une sorte de machine à survivre, qui est élaborée à partir d'innombrables incarnations d'ADN. La conception intelligente s'associe à la sélection naturelle grâce à une interaction sophistiquée avec l'environnement. (En ce qui concerne l'emploi religieux des créationnistes du terme « conception intelligente » et comme l'acteur Robin Williams le fait observer : « À quel point est-il intelligent de faire passer les tuyaux d'égout par le centre des spectacles ? ») Les impératifs de conception en ce qui concerne les gènes requièrent d'innombrables stratégies pour tout, de la survie de l'organisme aux rituels de séduction en passant par la fabrication des nids. Ainsi, l'ADN est transmis à de tels processus, pulsions et comportements. Les codes d'ADN dans chacune de nos cellules existent depuis que la soupe chimique de notre planète primordiale a donné naissance à des molécules complexes.

Dans un sens très élémentaire, nos corps ne sont rien d'autre que des hôtes pour notre ADN, et notre ADN est relativement immortel. Sous un angle évolutionnaire, puisque le corps humain est un hôte de survie pour l'ADN, la perduration de l'ADN est plus importante que la durée de vie d'un corps humain. Une fois que le petit jeu du sperme et de l'ovule a joué son rôle, la transmission de l'ADN à son nouvel hôte et la protection du capital génétique assurée grâce à la survie des enfants, l'hôte d'origine peut se flétrir et mourir sans presque aucune perte pour le bassin génétique. En fait, à un moment donné, la mort de l'ancien hôte fait de la place pour que la progéniture croisse et se multiplie.

Toute cette production est l'œuvre de maya, de l'illusion.

◆◆◆

La désunion et l'individualisation

Récemment, j'ai lu un rapport publié par un groupe de scientifiques de l'Université Stanford qui croient avoir découvert la mutation génétique ayant permis aux humains d'avoir un discours articulé. Cette mutation aurait pu se produire aussi récemment qu'il y a cinquante mille ans. Selon leur théorie, les premiers humains dotés de cette mutation ont si bien réussi à survivre que la mutation s'est rapidement répandue dans le bassin génétique. Le fait de pouvoir s'exprimer de façon articulée a donné un avantage à certains sur le plan de la survie, avantage qui a conduit à la domination d'un groupe de premiers humains, dotés de cette mutation, sur un autre. Si cette théorie s'avère exacte, nous sommes les descendants de ce petit groupe de mutants génétiques.

Un examen plus détaillé révèle que le don de parole s'est aussi traduit par l'individuation. Selon le récit du mythe mésopotamien dans la Bible hébraïque, lorsqu'Adam nomme les animaux, il se dissocie lui-même de ce qu'il nomme. Ainsi, un intérieur et un extérieur sont établis, ce qui se traduit par un énorme pouvoir ainsi qu'une immense aliénation. Il règne dorénavant une sensation directe de désunion d'avec le monde. Cette dissociation s'accompagne d'une plus grande capacité de survie. En s'éloignant d'un pas de plus du monde parce qu'ils peuvent le nommer, les humains ont développé des stratégies plus sophistiquées pour composer avec les aliments, le danger et la sexualité. Et il a fallu peu de temps pour que chaque gène humain contienne la programmation de cette dissociation.

◆◆◆

L'évolution du « moi »

L'avènement d'un « moi » représente un saut quantique en ce qui concerne la survie de la forme. La survie veut dire deux choses : perduration et réplication. Tout ce qui soutient la perduration et la réplication est récompensé. Trouver de la nourriture, éviter d'être dévoré et se reproduire rapidement et sans erreur sont tous des éléments gagnants. La dernière amélioration apportée à la machine génétique de survie est le sentiment d'être un acteur indépendant. Ce sentiment égotique a le pouvoir d'outrepasser les circuits grâce à des choix stratégiques qui améliorent la survie de la forme.

Nous naissons donc dans l'impitoyable pièce de théâtre de la survie. En commençant par l'être unicellulaire, il existe une pulsion à survivre pour que tout ce qui a existé avant passe à la génération suivante. Ce « moi » égotique est si efficace qu'il a fallu que tous les humains en aient un. Nos histoires ne servent tout simplement qu'à expliquer, justifier et donner un sens à notre vie en faisant intervenir les multiples couches fantaisistes issues de millions d'années d'impulsion génétique. Notre condition actuelle est de toute évidence due à des forces qui remontent bien plus loin que nos parents.

La désunion et l'individuation font naître l'idée que quelqu'un est aux commandes. Le processus qualifié de désunion et d'individuation chez les bébés et chez les nourrissons constitue la phase de leur vie où le monde devient visible pour eux, puisque les jeunes enfants sortent de la fusion parentale et commencent à se dissocier de leurs parents ou de l'aidant principal. La dissociation et l'individuation se traduisent par la naissance du « faiseur », celui qui peut outrepasser les circuits réflexes de survie du corps humain. On a maintenant l'apparence de quelqu'un qui est aux commandes et qui fait des choix en fonction d'une perspective élargie. Vu que cette aptitude est hautement efficace d'un point de vue évolutionnaire, elle se répand dans le bassin génétique à la vitesse d'un virus. Un mème appelé « moi » devient nécessaire à la survie.

Si maya est le producteur et nos gènes, les réalisateurs — par exemple pour déterminer ce qui nous attire chez un compagnon, ce dont nous avons l'air, l'odeur que nous émettons, quelles plastiques et quelles odeurs nous allument, et tout le reste, de nos stratégies inconscientes de survie pour nous construire un nid jusqu'à la façon dont nous acceptons les ordres — quel rôle imaginez-vous que vous jouez dans la pièce de théâtre de maya ? Quel degré de contrôle pensez-vous vraiment avoir ? Qui pensez-vous a écrit les répliques que vous pensez et les rôles que vous jouez ?

Et si nous n'avions vraiment aucun contrôle du tout ? Et si nous n'étions qu'un petit personnage secondaire, bien préparé et ficelé d'avance, dirigé par des forces inconscientes et ici pour une mission qui n'a rien à voir avec aucun de nous en particulier ?

Papaji, mon maître, disait qu'il n'existe qu'un seul véritable choix dans la vie. Tout le reste est conditionnement. Ce seul véritable choix consiste à tourner le dos à tout et à voir ce qui existe avant tout le reste.

◆◆◆

La désunion et l'individuation dans les mythes culturels

La désunion et l'individuation ont également trouvé leur expression dans de nombreux mythes fondamentaux de la culture occidentale. Dans la Bible, Adam et Ève représentent le visage humain de l'individuation. Ils sont les premiers parents mythiques ayant prononcé les premières paroles. En tant que père et mère, ils ont donné naissance à d'innombrables générations dotées de la mutation autrefois rare de la parole, ainsi que des pouvoirs qui l'accompagnent.

Le premier pouvoir consiste à nommer les animaux. Avec une amplification de leur « moi » conférée par ce pouvoir, Adam et Ève auraient défié Dieu en mangeant la pomme de l'arbre de la connaissance du bien et du mal. C'est ce geste qui les amène à prendre conscience de la dualité bien-mal, Adam-Ève, Dieu-« moi ». La suffisance égotique d'Adam et d'Ève s'intensifie avec leur arrogance lorsqu'ils brisent la règle de Dieu et réussissent à survivre. C'est ce que la tradition judéo-chrétienne appelle le « péché originel ». La plupart des ego ont reproduit ce péché originel à travers les âges en se rebellant contre la voix du juge en colère dans leur tête, une voix que l'on estime être celle de Dieu.

En acquérant la connaissance du mal et du bien, qui conduit à la désunion, l'âme se sent dorénavant coupée de Dieu. Les humains se sentent isolés et honteux. Prise au piège de la dualité du mental, déchirée entre le bien et le mal, l'âme cherche un chemin pour revenir à l'union. Ce qui reste immuable au centre du jardin est l'arbre de l'immortalité. C'est l'arbre du silence.

◆◆◆

Le mythe de Lucifer

Le mythe de Lucifer est celui du mental égotique, pris au piège du jugement et du blâme. Fatigué de louanger Dieu sans cesse, Lucifer se rebelle. Comme il préférerait régner en enfer plutôt que de servir au paradis, Lucifer, dont le nom veut dire «porteur de lumière» et qui a servi Dieu pour devenir son ange préféré, est envoyé sans ménagement dans un coin obscur d'un recoin de l'univers pour revenir lentement vers Dieu.

Selon la légende biblique, chemin faisant, Lucifer fait des affaires. Le mental égotique aux commandes échange argent, sexe et pouvoir contre survie, plaisir et prestige, au prix de l'âme immortelle. Nous nous détournons de la lumière de l'âme et nous nous concentrons sur les objets qui brillent à la lumière de nos yeux. Mais il s'agit cependant du reflet de la lumière de l'âme, qui rend ces objets désirables.

Pendant son périple, Lucifer découvre que la vie est un enfer parce qu'il ne peut plus entendre la voix de Dieu, sa voix bien-aimée. La voix de Dieu est étouffée par sa propre voix à lui, par les ordres qu'il aboie, par les opinions qu'il vocifère, par le monologue qui se déroule toujours en lui.

Alors que l'illusion s'approfondit, chaque ego joue le rôle de Lucifer, qui est l'acteur et le régisseur de son propre royaume. Afin de rester aux commandes, chaque ego se détourne de la béatitude que lui confère l'union avec le divin. Tel est l'impératif génétique pour que chaque unité humaine survive. Un ego désuni et aliéné est un outil, ou une arme, pour propager l'ADN. Mais chaque survie a un prix très élevé.

En nous coupant de notre véritable source, nous sommes privés de la véritable nourriture-connaissance qui provient des fruits de l'arbre de l'immortalité, qui se dresse toujours au centre du jardin. Nous sommes assoiffés de nectar divin, mais nous ne réussissons jamais à étancher notre soif. C'est aussi cela, l'enfer.

Chaque âme est appelée à revenir de l'enfer de l'isolement, à sortir des rôles de l'acteur et du juge, à retrouver le chemin du bercail. Dans l'agonie qu'est l'enfer, il y a aussi bien la souffrance de la désunion que l'extase du retour.

◆◆◆

L'avènement du surmoi

Lorsqu'Adam, notre premier père, brise la seule règle qui lui a été imposée, il nous représente tous. Cette règle se présente sous la forme de la voix de Dieu qui s'élève dans le mental égotique, pas Dieu en tant qu'amour spacieux, ouvert et intelligent, mais Dieu en tant que personnalité vengeresse qui nous inflige jugements, règles et punitions.

C'est ce que Freud a appelé le « surmoi ». C'est un gardien qui monte la garde devant la porte de la déviance et qui juge. Sous l'angle de la programmation génétique, le surmoi est un maître en contrôle d'information. Il détient la matrice idéalisée de la perfection et surveille les imperfections. Sous ces deux angles, le juge évalue constamment les choix en fonction d'une norme intériorisée émanant des attentes extérieures. La norme n'est pas générée de l'intérieur, mais provient d'une source plus élevée, qu'on l'appelle Dieu, Mère, Père ou l'Église. Cette norme régit un circuit de survie en patrouillant le long des voies neuronales et en éliminant les déviances, qui pourraient se traduire par n'importe quelle sorte de mutation. La mutation ne paie habituellement pas pour les premiers « déviants » parce que la plupart des mutations font intervenir des schèmes aléatoires qui réduisent radicalement les chances de survie. Le surmoi quant à lui s'en tient à ce qui a fait ses preuves.

Avec l'avènement du surmoi, la dualité première de l'illusion entre Dieu et l'âme est intériorisée. Dorénavant, un acteur imaginaire, l'ego, prend les décisions, qui sont constamment jugées par une voix colérique dans la tête, le surmoi, qui se qualifie elle-même de Dieu, de Père ou simplement de « ce qui est juste ». Afin de pouvoir faire augmenter les chances de survie et de procréation, l'animal humain dissimule la guerre interne qui se déroule entre l'acteur et le juge sous une couche superficielle de personnalité, conçue pour masquer ce qui se passe en réalité. Les humains que nous sommes passent leur temps à se focaliser sur la personnalité, qui est seulement un panneau de déviation et qui ne se préoccupe pas de ce qui mène vraiment le bal juste en dessous de la surface.

◆◆◆

La honte et la contraction de l'ego

En brisant les règles, Adam ressent une terrible peur de châtiment, peur qui devient partie intégrante de la construction qu'est le mental égotique. La culpabilité et la honte apparaissent ensuite dans le monde égotique en raison de ce ressenti intériorisé de contraction. La plupart des gens passent leur vie à essayer d'éviter ces profonds sentiments de terreur, de honte et de désespoir en vivant superficiellement, en s'occupant de choses triviales. Mais ceux qui ont de la chance ne peuvent éviter la souffrance, car elle les frappe de plus en plus fort pour attirer leur attention. Dieu vous prendra avec joie toutes vos précieuses possessions — vos relations, votre pouvoir et votre santé. Il vous prendra tout ce qu'il faut pour que vous commenciez le périple de votre retour au bercail.

Dans l'histoire d'Adam et Ève, Dieu les chasse du jardin d'Éden. Ils sont soudainement rejetés du jardin, dans la honte. Dorénavant, au lieu de vivre en fonction de l'instinct et de l'harmonie animaux, ils se sentent coupés du reste, capables de juger et de se sentir mal. Selon la Bible, ils cherchent un bouc émissaire. Adam blâme Ève, et Ève blâme le serpent. L'horreur de leur malheur humain vient piquer leur fierté égotique et leur orgueil à se sentir spécial. Sans foyer et sans perspectives, Adam et Ève partent à l'aventure pour affronter l'inconnu.

La honte fait partie de l'avènement de la conscience de soi. Elle nous aliène de Dieu et de la nature. La honte peut uniquement survenir dans l'état second qu'est la désunion. Lorsque nous affrontons directement la honte au lieu de l'éviter et de la fuir, cela peut nous amener à un très profond état de grâce. En connaissant ce secret, vous pouvez accepter de vous blesser et de souffrir pour aller vers la vérité. La honte peut nous ramener vers l'intérieur, vers le bercail et à la fin de l'état second. La honte peut nous conduire vers notre véritable Être, qui a en fait toujours été là, à nous attendre.

En nous laissant tomber dans l'état émotionnel négatif de contraction et en nous abandonnant à la volonté de mourir pour savoir la vérité, nous allons vers le vide et ensuite vers la réalisation.

Malheureusement, dans ses efforts désespérés pour survivre, le mental égotique essaie de faire dévier cette chute intérieure. Il détourne l'attention vers l'extérieur et déclenche une grande rage contre Dieu et les circonstances qui ont engendré un tel chaos autour de l'incarnation en tant qu'animal. Cet éclat de rage et de défiance vers l'extérieur conduit à une autre expansion de l'ego, qui est inévitablement suivie d'une contraction, comme c'est le cas dans le mythe biblique de Caïn, qui assassine Abel de jalousie et de rage. Nous sommes les descendants d'un tel assassin.

◆◆◆

L'origine de la religion

Remarque : J'ai écrit ce qui suit en l'an 2000. Depuis, Richard Dawkins a écrit Pour en finir avec Dieu, *et d'autres ouvrages savants ont été écrits sur ce sujet. La section ci-dessous sera ma petite et première contribution sur ce sujet.*

À un moment donné de l'évolution humaine, la religion surnaturelle a fait son apparition. Il est clairement avantageux pour le bassin génétique que les défenseurs de l'ADN soient des guerriers supérieurs, prêts à risquer leurs vies pour défendre la tribu. Si les guerriers croient qu'ils doivent protéger un dieu, ou des dieux, qui les protège à leur tour et les emmènera au paradis quand ils mourront, ils combattent plus courageusement et férocement que s'ils étaient terrifiés par la mort.

Les guerriers religieux ont l'avantage dans une bataille parce que leur confiance en des forces surnaturelles les rend beaucoup plus forts que les autres guerriers. Une croyance en une religion surnaturelle devient un avantage pour le bassin génétique, croyance qui se répand ensuite dans toute l'espèce humaine. De cette façon, les humains peuvent sans le savoir se reproduire avec une impulsion génétique à croire en des êtres surnaturels.

◆◆◆

La religion, l'écriture et les calendriers

Avec la religion, l'écriture commence à se développer et, avec elle, la sensation du temps qui change. Quand un événement passé est consigné, les humains ne vivent plus dans le présent. Ils créent des calendriers en y inscrivant les rotations de la Terre autour du Soleil sous forme d'années, qu'ils divisent ensuite en mois, ce qui donne les rotations de la Lune, ensuite en semaines, en jours et en heures. Toutes ces divisions modifient l'expérience humaine du temps, en conférant une impression de réalité à ce qui est illusion éphémère.

En quelle année sommes-nous ? Tous ceux qui lisent ce livre connaissent la réponse à cette question. C'est la question par excellence que l'on pose aux patients avant de pouvoir les laisser sortir d'un hôpital psychiatrique. La bonne réponse aide à prouver qu'ils sont sains d'esprit. Mais vous êtes-vous penché sur la réponse plus en profondeur ? D'où provient cette réponse ? Pour quelle raison les septième et huitième mois de notre calendrier portent-ils les noms des empereurs romains Julius et Augustus ? Pour quelle raison jeudi et vendredi trouvent-ils étymologiquement leur origine dans les dieux Jupiter et Vénus ? Pour quelle raison le sabbat hébreu est-il qualifié de jour de Saturne ? Si les empires chinois, maya ou hindou avaient régi le monde, quel jour et quelle année serions-nous? Jésus a vécu et est mort sous le calendrier hébreu, qui a commencé 3 500 ans avant sa naissance. Alors, en quelle année serait-il maintenant? Nous vivons tous dans un état second globalisé de temps et d'espace. Cet état second est un sort, et un sort est tout simplement une parole de pouvoir.

Ainsi que nous le savons, notre calendrier actuel a été mis au point par l'Empire romain et l'Église catholique comme une forme de contrôle religieux et politique. Des dieux païens comme Thor, Frejya et Saturne ont été sélectionnés pour réintégrer les païens à l'empire. Que comptons-nous en fait quand nous disons que nous sommes en 2001, par exemple? Le nombre de fois, plus ou moins quelques années, que la planète Terre a tourné autour du Soleil depuis l'époque où un petit garçon juif est peut-être né dans une étable à Bethléem? Et comment était-ce quand, il y a quelques centaines d'années, le pape Julien a remplacé le calendrier d'alors par celui que nous connaissons maintenant? Un jour les gens vivaient dans une certaine année et le lendemain, ils vivaient dans une année totalement différente. Le jour du Nouvel An que les gens célébraient autrefois au printemps figure maintenant au creux de l'hiver. À quel point tout cela peut-il devenir arbitraire?

Si nous mesurions le temps par le temps qu'il faudrait à notre système solaire pour compléter une rotation dans la Voie lactée, ce qui représente trente millions d'années, en quelle année serions-nous? En maintenant la petitesse des dates et en omettant de compter les millions d'années qu'il faut au système solaire pour faire une rotation autour de la Voie lactée, nous accordons une plus grande importance aux individus humains et à nos durées de vie plus courtes. C'est un élément important de l'expansion de l'ego qui appartient au processus de l'individuation.

◆◆◆

L'évolution des religions

Alors que la plupart du monde est dans un profond état second, quelques personnes s'éveillent et réalisent la vérité. C'est la pulsion à connaître la vérité, ou Dieu, qui fait sortir de cette transe tribale et qui permet à quelques personnes de découvrir la réalité se trouvant au-delà du monde connu et imaginé. Ce qu'ils vivent comme expérience, c'est la réalisation qu'il n'existe en vérité qu'un mental, qu'une conscience, qui se manifeste sous toutes sortes de formes.

Mais avec le temps, cette réalisation se conceptualise. Un concept est une pensée à laquelle on peut se raccrocher. Ce concept remplace alors l'expérience comme telle. Ceux qui n'ont jamais fait l'expérience de l'unité peuvent dorénavant dire : « Bien entendu, il n'existe qu'un Dieu. » La croyance en un seul Dieu devient la religion moderne, qui prend la place des dieux de la magie tribale. La religion monothéiste se répand ensuite sur le globe, renversant au passage les petits dieux et les petites déesses. L'équilibre établi par les bassins génétiques tribaux, avec ses dieux magiques qui contrôlent le temps et les événements quotidiens, est renversé, et un Dieu unique a dorénavant préséance sur tous les autres.

Dans les traditions judaïque, chrétienne et islamique en particulier, l'adoption d'un monothéisme affirmant que tous les autres dieux sont faux est une stratégie avant-gardiste pour la conquête culturelle et génétique. Ces religions proposent une croyance en un dieu unique, en une entité qui se trouve quelque part ailleurs, dans un lieu appelé paradis, un dieu qui veille sur chacun de ses fidèles. Cette croyance émane du fait qu'on a mal compris la vérité de l'Être cosmique unique qui vit dans toutes les formes et l'absence de forme à partir duquel tout émane.

◆◆◆

Le culte du cargo

La superstition primitive de la façon dont le monde fonctionne existe encore de nos jours. Nous qui sommes hypnotisés par le fantasme d'un Dieu éloigné et d'un univers matériel, nous pouvons nous comparer aux peuples primitifs animés par le culte du cargo quand ils essaient de comprendre ce qui se situe au-delà de leurs modèles conceptuels. Le phénomène du culte du cargo a commencé pendant la Deuxième Guerre mondiale quand des pilotes abattus en Nouvelle-Guinée et en Micronésie ont enrôlé les peuples primitifs pour leur faire construire des pistes d'atterrissage et les éclairer avec des flambeaux. Peu après, un oiseau de métal géant est tombé du ciel, a apporté des cadeaux à ces peuplades sauvages et a emporté les étrangers. Ensuite, pendant des générations, ces peuplades ont continué de construire des pistes d'atterrissage qu'ils ont encore éclairées de flambeaux, attendant le retour de l'oiseau de métal. John Frum est encore célébré de nos jours. Pendant la Deuxième Guerre mondiale, John aurait pu être un *frum* (jeu de mots sur le terme *frum* anglais qui veut aussi dire « dévot ») n'importe où aux États-Unis. Mais au Vanuatu, il est adoré comme un sauveur, qui apporte la richesse matérielle du ciel si ses instructions sont suivies à la lettre.

◆◆◆

Du culte de la religion au culte de la personnalité

De nos jours, la plupart des gens vivent en fonction du culte du cargo. Ils croient en un dieu unique, qu'ils adorent et qu'ils supplient d'accéder à leurs demandes, tout en s'efforçant de suivre les règles qu'il leur dicte. Ce dieu unique vit quelque part ailleurs et veille sur tous, intervenant parfois dans la vie des gens et exauçant parfois leurs prières en faisant ce qu'ils veulent. Voici ce qu'est le culte de la religion.

Lorsque cette forme primitive de projection égotique est prise trop au sérieux dans le monde actuel, nous en voyons les conséquences dans l'horreur des guerres de religion. Les peuples religieux du monde entier — bouddhistes, hindous, musulmans, chrétiens, juifs — s'entretuent à cause de la certitude qu'il n'existe qu'un Dieu et que ce Dieu est le leur.

La prise de conscience de cette horreur signale le début de la fin d'un culte mondial de religion surnaturelle. Même si ce culte peut avoir servi autrefois, il n'est plus nécessaire dans l'intérêt du bassin génétique humain de perpétuer cette croyance. Il est temps que ce culte religieux meure, ou bien il nous détruira.

À mesure que les gens prennent conscience de l'horreur de la transe religieuse, le désespoir et l'aliénation s'approfondissent. Au début du XXe siècle, au moment où certains ont proclamé la mort de Dieu, les pouvoirs destructeurs et la propension à tuer chez l'animal humain ont augmenté. La vie a pris une expansion à une échelle que l'on n'avait jamais envisagée. La moralité n'avait plus de sens et les règles, plus d'importance. Avec le renversement des rois, toutefois, la société est restée corrompue, même si la règle de la loi est venue remplacer la règle de Dieu et des rois. Rien n'avait de sens, et la vie semblait vaine. C'est de ce désespoir qu'a émergé le culte de la personnalité, avec lequel l'argent, le corps et l'ego personnel sont mis sur un piédestal. L'aliénation atteint alors son apogée.

C'est l'étape suivante et cruciale de l'individuation, étape qui proclame l'évolution de la conscience, même si cette conscience patauge encore dans l'illusion.

Nous ne connaissons pas l'aliénation totale à moins de perdre toutes nos illusions sur la religion et la société. L'aliénation consiste en la dissociation des individus à leur identification inconsciente au troupeau. C'est l'émergence de l'individualité hors de la fange de l'océan premier. L'aliénation est un élément nécessaire au processus d'individuation. Elle prépare le terrain pour que la véritable réalité de Dieu fasse exploser les limites de l'ego, pour que les confins étroits et imaginaires du mental explosent dans l'inconnu. À partir de là, il peut y avoir un retour conscient vers la véritable source. La conscience émerge de l'arrière-plan, des soubassements, pour se regarder avec émerveillement.

Ici sur Terre, l'ADN a évolué. Il a tout d'abord créé une combinaison spatiale unicellulaire pour ensuite mettre au point une enveloppe complexe de substances chimiques pouvant maintenant se pencher sur elles-mêmes. Lorsque nous nous examinons intelligemment et que nous mettons de côté notre attachement au nom et à la forme de notre enveloppe charnelle, nous découvrons que ce qui reste est qui nous sommes vraiment. Ce qui reste quand toute identification à la forme est mise de côté, c'est qui nous sommes avant l'apparence de la forme. Une recherche consciente intelligente sur la nature de la réalité et celle de l'état second est la façon dont la conscience individuée revient à sa source.

Il est important de savoir qu'il est possible que quelque chose existe au-delà de ce que nous prenions avant pour la réalité. Même si la vérité ne peut se décrire, il faut en parler afin de savoir qu'il est possible de la découvrir, tout comme l'esclave entend murmurer pour la première fois qu'il existe un train de la liberté. Même si vous deviez découvrir qu'il n'existe rien au-delà de l'expérience humaine, vous n'auriez rien à perdre à vous lancer dans cette quête. Et si ce que je vous dis *est* vrai, vous avez tout à gagner.

PARTIE 3

L'ÂME ET L'EGO

CHAPITRE 6

L'appel de l'âme

Des étincelles fusent dans toutes les directions en provenance du feu de la création. L'étincelle n'est pas dissociée ni différente du feu, tout comme l'âme n'est pas différente du champ vide dont elle provient. Et pourtant, comme elle est une forme subtile, l'âme ressent une impression de désunion.

La nature de l'âme

L'âme est la condensation et la cristallisation de l'immortelle conscience qui appartient à une dimension existant avant la relativité du temps et de l'espace. L'âme est faite de vide, de conscience et d'amour. Ces aspects ne sont pas distincts ni dissociés les uns des autres, mais plutôt des saveurs diverses d'un même goût.

Le terme « âme » provient étymologiquement du latin *anima* qui correspond au terme grec *psuhhé*, qui veut dire « souffle », « ce qui se meut soi-même » (Platon). D'autres termes servent aussi de synonymes au mot « âme » : Moi immortel, Moi supérieur, le Moi essentiel et le véritable Moi.

En sanscrit, il existe également de nombreux termes pour décrire l'âme. Une *jiva* est une âme prise dans les filets de l'ego. Lorsque l'âme s'éveille à sa véritable identité, on l'appelle *jivan-mukta*, ce qui veut dire « âme libérée ». Lorsque l'âme retrouve son état pur, l'âme éveillée est appelée *atman*, le Moi immortel ou transcendantal. Et l'atman part en quête de *brahman*, la source de l'univers.

Après son illumination, Ramana Maharshi est parti en quête de sa montagne bien-aimée, l'Arunachala. Jésus est parti en quête de son père divin. De la même façon, l'ego retourne d'abord à l'âme, et ensuite, l'âme retourne à la source. Telles sont les étapes naturelles de l'éveil.

L'éveil de l'âme est la raison d'être de la vie. L'âme sort de son identification à la forme et revient consciemment à l'union avec Dieu. L'âme s'incarne en s'identifiant à ses formes denses, condensées à partir du vide. Elle génère en elle des formes de plus en plus denses. L'identification à l'ego est un miroir de l'âme. Tous se qualifient de « Je ». Le « Je » émane de l'âme sous la forme d'une pensée, tout comme l'âme est la pensée « Je » de Dieu. Tout ceci se produit avec les miroirs réfléchissants de la conscience, les divers plans se réfléchissant les uns les autres indéfiniment.

◆ ◆ ◆

L'histoire de l'âme

L'âme se réincarne sans cesse sous la forme d'ego, qui part en quête du bercail et qui, chemin faisant, se fait ballotter et retourner par les vagues de son passé karmique chargé de désirs et de peurs. L'ego souffrant qui cherche le bonheur vie après vie s'efforce de trouver l'accomplissement à l'extérieur. À un moment donné, l'âme identifiée à l'ego ressent la blessure occasionnée par le monde, elle entend l'appel du cœur et elle retourne au bercail. Elle découvre que le retour vers l'intérieur est la seule façon de rentrer au bercail.

L'appel de ce qui est profond et vers celui-ci peut se produire à n'importe quel moment dans une vie égotique. En vérité, l'appel est toujours là. Tous les gens sont appelés, mais bien peu entendent cet appel et encore moins y répondent. Et parmi ceux qui y répondent, encore moins sont disposés à renoncer à tout pour cela.

La réponse à cet appel exige un renoncement au « quelqu'un d'important » que nous pensons être pour devenir personne. Tel est le mystère divin de la révélation de la personnalité de la divinité. Lorsque la personnalité individuée et unique revient à sa source homogène, la personnalité individuée se sait être un prisme à travers lequel l'amour conscient rayonne. Ce qui était autrefois le problème de l'ego se révèle maintenant être le prisme de l'âme. Se réaliser pour devenir un vide cristallin est le plus beau cadeau de grâce qui puisse exister dans une vie humaine. Et revenir à la réalisation de l'unité est l'accomplissement du potentiel humain.

◆◆◆

Le rôle de l'affliction

Selon la densité de la défense égotique, les humains n'entendent habituellement pas l'appel du retour, jusqu'au moment où une grande affliction ou une aliénation totale les frappe. La plupart des gens doivent échouer ou réussir suffisamment de fois pour savoir que l'accomplissement ne se trouvera jamais dans le monde des apparences. Nous devons être brisés et écrasés par les vagues de la mer karmique pour vouloir chercher un refuge et une paix durable. Nous devons suffisamment percer les mensonges du monde pour avoir faim de vérité. Nous devons connaître l'insignifiant pour pouvoir chercher le sens.

Ceci s'appelle « maturité spirituelle ». Mon maître, Papaji, disait qu'il faut une montagne de mérite accumulé au fil d'innombrables vies pour avoir la chance d'entendre la vérité et de pouvoir y réagir. Autrefois, la plupart des gens qui atteignaient ce stade de maturité ne connaissaient pas la grâce d'entendre la vérité. Au lieu de ça, ils se laissaient prendre au piège de la religion et des cultes, qui mélangent les concepts de vérité aux superstitions, aux croyances, aux commandements et aux péchés afin de bien rassembler le troupeau.

Le fait de n'avoir aucune religion, aucune règle et aucune voie à suivre permet de trouver un raccourci vers l'essence. Cependant, ce raccourci n'est pas une mince affaire, car les humains devront faire l'expérience de beaucoup de souffrance en affrontant les cerbères de la peur et du doute. Nous ne sommes peut-être pas tous assez mûrs pour réaliser qu'en assumant ce qui est ici dans le moment et qu'en affrontant la peur de la mort du corps, nous pouvons arriver à un accomplissement véritable et démesuré.

Les indices croissants donnés par l'environnement qui indiquent que la vie est en train de mourir sur la planète Terre pourraient être le déclencheur qui ouvrira les vannes de l'illumination pour toute la population humaine. Qui peut le dire? Dans tous les cas, il est certain que les êtres humains ordinaires ont la possibilité de s'éveiller, de répondre à l'appel de l'âme et de réaliser la plus profonde vérité de la condition humaine, voire que nous sommes une conscience illimitée, et l'immortelle conscience consciente d'elle-même.

CHAPITRE 7

Les étapes du développement de l'ego

Qu'est-ce qu'un ego ? Une vieille histoire hindoue utilisée pour enseigner raconte qu'un jour, un garçon vacher perd la corde qui sert à attacher une de ses vaches. Il va consulter le sage du village qui lui dit que, une fois qu'il aura attaché les autres vaches, il devrait faire semblant d'attacher la vache qui n'a plus de corde. Le subterfuge fonctionne, et toutes les vaches restent à leur place pendant toute la nuit.

Toutefois, le lendemain matin, toutes les vaches se dirigent vers le pâturage, sauf celle qui n'a pas de corde. Le jeune vacher retourne consulter le sage du village, qui lui conseille de faire semblant de défaire la corde imaginaire de la veille au soir. Et effectivement, cela fonctionne. D'après cette histoire, l'ego est la corde imaginaire qui retient la vache. J'ajouterais à cela que l'identification à la condition de vache est ce qui permet de croire à la corde.

Première particularité de l'âme

Quand un bébé naît, il ne voit pas très clairement le monde autour de lui parce que les coordonnées spatiales permettant de voir clairement prennent un certain temps à se développer. Il faut beaucoup de temps et de pratique aux gens qui naissent aveugles et à qui l'on greffe par la suite des implants de cornée pour voir le monde comme la plupart d'entre nous le voient. Au début, les gens qui étaient aveugles ne voient pas les contours. D'une façon ou d'une autre, nous avons tous appris les limites que nous tenons pour acquises et que nous prenons pour la réalité.

Les bébés entament leur vie dénués de toute impression de dedans ou de dehors. Ils mâchonnent leurs propres pieds comme s'il s'agissait d'objets étrangers. S'ils sont chanceux, ils voient et ils impriment tout d'abord en eux les yeux et les seins de leur mère, ce qui fait de celle-ci le premier objet de fixation. Pour les bébés, la mère est Dieu le père. Elle est celle qui leur fournit lait et protection. Elle est la présence omnisciente qui est là quand besoin est et qui sait anticiper les besoins et les combler. Sa façon de fonctionner comble tous les besoins égotiques d'un dieu.

Apprendre à voir le monde d'une certaine façon est un processus de fixation. C'est une fonction génétique qui fait partie de la survie chez n'importe quel animal, y compris l'humain. Pendant que la vision du monde du bébé se met en place, son intérieur reste un vaste vide noir, dont l'enfant ne tient pas consciemment compte. Ce vide reste tranquillement à l'arrière-plan, lieu vers lequel le bébé retourne lorsqu'il dort.

L'attention du bébé est focalisée vers l'extérieur, vers la mère-dieu. Le fait d'être aimé par sa mère-dieu donne au bébé une sensation d'expansion de l'ego, première particularité. C'est le début de l'état d'ignorance. En ce qui concerne les bébés qui ne connaissent jamais de mère-dieu aimante, le stade de la première particularité peut se traduire par une contraction de l'ego. Le manque d'amour crée chez ce genre d'enfant une soif inassouvie, un sentiment d'être non méritant et seulement indigne d'amour, étant donné que « dieu » ne lui donne rien.

D'une façon ou d'une autre, que l'ego gonfle ou se dégonfle, le bébé acquiert un sentiment de particularité. Quelqu'un qui est totalement aimé ou non aimé se trouve dorénavant au centre de l'univers. Ce quelqu'un d'unique essaie maintenant de combler ses besoins à partir de l'extérieur. L'ego est né et se met en œuvre pour instaurer un sens de « moi » distinct du monde, avec des contours bien définis. Au lieu de la grande obscurité et du grand vide à l'intérieur, règne maintenant le chaos émotionnel.

◆◆◆

La première blessure

À un moment donné, le bébé fait l'expérience de sa première blessure. Celle-ci peut prendre la forme d'un mot dur, d'un regard sévère, d'un coup physique, de négligence ou de tout geste ou absence de geste de la part de la mère-dieu. Le bébé ne sait pas que sa mère n'est pas vraiment Dieu, mais plutôt une jeune femme qui dort debout et qui est prise au piège de ses propres préoccupations névrotiques.

L'affliction causée par la mère-dieu fait rétracter l'ego ou en renforce la rétractation déjà existante. Dans un cas comme dans l'autre, cette affliction conduit à la contraction et à l'aliénation. Là où il y avait autrefois une impression d'amour océanique sans limites, l'enfant ressent maintenant souffrance et impression de désunion. Ce schéma d'expansion, d'affliction, de contraction et d'aliénation se poursuit à toutes les étapes de maturation. Soit le jeune enfant se rebelle, soit il se soumet et apprend à faire ce qui est exigé pour éviter l'affliction. Alimentée par la peur et la haine de soi, la soumission se traduit par de la rage. Alimentée par la colère, l'arrogance, la lubricité ou la fierté, la rébellion se traduit par de la peur. Mais qu'il s'agisse de soumission ou de rébellion, l'ego fait maintenant une fixation sur la blessure par réaction ou par soumission à ce qui est à l'extérieur.

L'essence, qui se trouvait autrefois à la surface, se retrouve maintenant enfouie sous la blessure, et la blessure est enfouie sous la réaction émotionnelle. Au lieu de ressentir la souffrance due à la blessure, l'enfant ressent de la colère ou de la peur. À la surface, un enfant docile peut sembler sourire et bien se comporter, alors que derrière tout cela couve une rage immense. La rage recouvre la souffrance et la peur du rejet, qui à leur tour masquent le caractère irrémédiable de la situation. Sous cette dernière gît un profond désespoir, qui recouvre un grand trou noir de vide sans vie. Enfin, sous ce trou noir, il y a l'essence dans son état potentiel latent.

Pendant que l'enfant grandit, des défenses se mettent en place pour bloquer les blessures futures. La personnalité s'étoffe. Pour ne pas susciter d'éventuelles autres blessures, l'ego met au point des stratégies en instaurant des barrières extérieures derrière lesquelles il peut se cacher. Il met également au point des mécanismes pour que l'enfant obtienne ce qu'il veut du monde extérieur. L'ego met aussi au point des stratégies pour ne pas ressentir les anciennes blessures en instaurant des frontières intérieures qui empêchent l'enfant de ressentir la profondeur de la souffrance et du désespoir.

Peu à peu, l'ego érige mur extérieur et mur intérieur, ce qui fait que l'enfant se retrouve de plus en plus isolé et qu'il vit dans une coquille. L'enfant se meut en direction du mur extérieur lorsque l'expansion de l'ego pousse avec son énergie vers le haut et l'extérieur. La fierté, l'arrogance, le besoin d'avoir raison et de se sentir spécial sont tous des aspects de l'expansion de l'ego. L'enfant se meut vers le mur intérieur lorsqu'un sentiment de contraction et de dissociation ramène l'ego vers l'intérieur et le bas. Les sentiments de dissociation, de dépression, d'apathie, d'indifférence et de dispersion mentale sont tous des expressions de la contraction. L'ego se retire du monde extérieur, mais il évite également le monde intérieur profond. Il flotte en quelque sorte, quelque part entre les deux.

L'ego érige des murs dans le sens de la soumission ou de la rébellion en fonction de l'élan génétique de l'enfant.

◆◆◆

La cristallisation de la fixation

À un moment donné du développement de l'enfant, il y a cristallisation de la fixation égotique. Une cristallisation spécifique est génétiquement prédéterminée pour chaque enfant. Tout comme un chiot de race caniche grandit pour rester un caniche même si c'est une chienne de race berger allemand qui l'élève avec ses autres petits, la fixation d'un enfant reste la même quel que soit son milieu ambiant. Il y a fixation de la cristallisation lorsque l'enfant a de trois à cinq ans, quand les circonstances voulues, souvent traumatisantes, se présentent.

Cette cristallisation se produit dans un des trois corps : le corps physique, le corps mental ou le corps émotionnel. Ramana Maharshi qualifie cette cristallisation de « nœud de l'ego ». Selon lui, le Moi immortel n'a aucun sentiment d'ego et ne souffre pas. Le corps physique inerte n'a pas de sens d'ego et ne souffre pas. Mystérieusement, c'est entre ces deux aspects que le sens égotique du soi émerge et cristallise. Ce faux soi égotique souffre. En défaisant ce nœud égotique — la fin de la croyance en ce faux « Je » —, il y a libération.

◆◆◆

L'évolution de la conscience

Toute notre vie égotique est faite du bruit engendré par le mouvement du mental, qui imagine un passé et un futur. Le mental égotique se parle sans cesse à lui-même, mesure, compare et trie les événements passés pour donner un sens au futur inconnu. Lorsque le mental est quiet, l'identité égotique, comme l'univers matériel, disparaît.

L'univers matériel et l'identité égotique sont tous deux le reflet de l'état second dans lequel se trouve le mental. Le grand pouvoir du mental donne naissance à ce phénomène de l'illusion afin que la conscience puisse évoluer pour se voir elle-même.

Il n'y a pas de « vous » qui soit séparé de « tout le reste ». En tant qu'ego, vous faites partie de la totalité, que vous en soyez conscient ou pas. On pourrait comparer cela à un ongle qui n'a pas conscience qu'il est une toute petite partie de quelque chose de plus grand. Mais le fait que l'ongle ignore cela ne change pas le fait qu'il fait partie de quelque chose de plus grand.

Vous pouvez directement arriver à l'unité si vous êtes disposé à scruter l'attachement, ignoré jusqu'à maintenant, à une identité égotique en tant que personne coupée du reste. Au début, vous pourriez vouloir que votre sentiment personnel de vous-même soit si grand qu'il puisse tout contenir, mais cela ne fonctionne pas ainsi. Dans l'autre cas, ce qui est l'inverse, vous seriez au centre de l'univers, et tout serait votre objet. Ceci est semblable à l'expansion de l'ego chez les jeunes enfants qui s'attendent à ce que le monde soit toujours ce qu'ils veulent qu'il soit. Le «Je» qui veut ne faire qu'un avec tout n'existe pas. Il est un reflet de la réalité, mais pas la réalité elle-même. Un peu comme un miroir vous renvoie l'image de votre visage, mais pas le visage lui-même.

Si vous comprenez ceci et que vous vous en teniez à cela en ne laissant pas libre cours à l'égoïsme, le «Je» égotique n'a plus de place pour vivre. Si vous renoncez au savoir et au faire, vous découvrez qu'il n'y a pas vraiment de «Je» distinct. Vous voyez alors l'unité en tout et partout. Il n'y a plus d'intérieur et plus d'extérieur. Il n'y a que les mécanismes de défense du «Je» égotique.

Découvrez qui vous êtes. Découvrez ce qui est réel. Si vous ne le faites pas, tout cela n'est rien de plus qu'un concept avec lequel jouer pour pouvoir affirmer que vous avez un «Je» plus spirituel qui se sent connecté et unifié à tous. Jésus se servait de la métaphore de l'homme riche qui ne réussissait pas à passer par le chas d'une aiguille. Cette parabole veut dire que nous devons tout laisser derrière nous – c'est-à-dire tous nos attachements – et revenir à l'inconnu. Nous devons abandonner l'idée du « moi » et du « mon » ou du « ma ». Et quand cette idée disparaît, la clarté de la pure conscience peut rayonner.

CHAPITRE 8

La structure de l'ego

Maintenant que nous avons une idée plus claire de l'âme et de l'ego, penchons-nous en détail sur la façon dont l'identification dissimule les qualités essentielles de l'âme et explorons les façons dont l'ego et la personnalité nous maintiennent verrouillés dans l'état second qu'est le « moi ».

Dissimulation des trois qualités essentielles de l'âme

Lorsque vous réalisez la réalité, vous rencontrez les trois qualités essentielles de l'âme : la présence consciente, la conscience silencieuse et l'extase de l'amour. En sanscrit, une âme qui s'est libérée de ses voiles s'appelle *sat-chit-ananda,* ou « être qui est béatitude consciente ». Lorsque l'ego s'identifie aux corps physique, mental et émotionnel, ainsi que nous l'avons vu au chapitre précédent, ce processus d'identification masque une qualité de l'essence.

◆◆◆

La présence consciente

La présence consciente, ou *sat,* est la première des qualités de l'âme. C'est la fluorescence de l'Être. Être, c'est la réalité. En vérité, il n'existe qu'un Être, au-delà de la religion, des concepts ou des croyances. Il n'est pas possible d'enseigner ou d'apprendre ce qu'est l'Être. Même le *sat-guru,* le maître ultime, n'enseigne pas ce qu'est l'Être. Il est la manifestation rayonnante de la vérité qu'est l'Être.

Totalement homogène, l'Être est partout, en tout temps, dans toutes les directions. L'Être est notre nature même. Lorsqu'il est dissimulé, nous prenons le corps physique pour lui. Et nous nous qualifions ensuite d'« être humain ». Tel est le premier voile, la première descente vers le sommeil. L'ego imite l'Être en pensant et en essayant d'imaginer quoi faire, en apprenant les règles ou en extériorisant les pulsions animales, en prétextant qu'il « suit le courant ».

◆◆◆

La conscience silencieuse et l'extase de l'amour

La conscience silencieuse, ou *chit*, est la seconde qualité de l'âme. Elle est voilée par le mental pensant, qui déborde de peurs et de doutes. Le mental pensant essaie d'imiter la sagesse de la conscience silencieuse en traitant l'information et en planifiant le futur pour que tout soit bien sécuritaire. L'ego qualifie cette voix névrosée et mécanique d'« intelligence », même si elle masque la véritable intelligence qu'est l'extase de l'amour.

La béatitude de l'amour, ou *ananda*, est la troisième qualité de l'âme. Elle est voilée par le corps émotionnel, qui s'appuie sur la haine de soi. Sachant qu'il est imparfait, l'ego se hait, ressent un besoin d'amour, qu'il recherche à l'extérieur. Il essaie d'obtenir de l'amour en manipulant la personnalité, en la rendant séduisante, utile, brillante ou autre chose qui permettra d'obtenir de l'amour.

◆◆◆

L'ego et la personnalité

Pour que notre véritable essence puisse rayonner, il faut éliminer les voiles qui la recouvrent. Pour y arriver, il faut s'attaquer à un questionnement personnel intelligent, qui nous conduira à une compréhension profonde de la façon dont nous avons pris l'ego pour ce que nous sommes. Chaque ego commence avec la croyance «Je suis un corps». Cette fausse perception est une forme de fausse identification, une déchéance de la grâce. À un niveau profond, la conscience est consciente de la souffrance et du désespoir causés par l'emprisonnement dans un corps. C'est ce qui cause la rage, la peur et la haine de soi, les émotions de base de tous les ego.

Tous les ego s'imaginent qu'ils sont une île. Ce qui est «moi» est à l'intérieur et ce qui n'est «pas moi» est à l'extérieur. L'ego ne peut exister sans dissociation ni délimitation.

La rive de l'île est la personnalité, qui est la somme des réactions conditionnées lorsque les pulsions intérieures propres au corps physique (rage), au corps mental (peur) et au corps émotionnel (désir) se marient aux circonstances karmiques d'une vie donnée. Les énergies de ces trois corps se mêlent aux pulsions de la survie, de la sexualité et des relations pour façonner la personnalité, ce mélange se manifestant sous la forme d'une interface entre les mondes intérieur et extérieur.

La personnalité est la couche la plus superficielle du moi. C'est le contour extérieur de l'ego. On peut même constater la présence d'une personnalité chez les animaux. Quiconque a passé du temps avec des chats, des chiens, des chevaux ou même des poules aura constaté que chaque animal a une personnalité différente de celle des autres animaux de son espèce. Des recherches faites au Costa Rica indiquent que les fourmis ont également des personnalités : certaines sont paresseuses — elles évitent le travail — et d'autres se comportent de façon plus agressive que les autres dans la même colonie.

La plupart des gens passent leur temps à essayer d'améliorer ou de réparer leur personnalité. Cette activité est en soi relativement inoffensive, mais elle peut devenir une préoccupation narcissique. Ces gens réussissent souvent à éviter les questions profondes ou à les habiller de platitudes spirituelles. D'un point de vue culturel, certaines personnalités fonctionnent mieux que d'autres. Mais dans une perspective plus vaste, aucune personnalité n'est parfaite, et chacune est parfaite telle qu'elle est. La grande vérité, c'est que le perfectionnement de la personnalité ne conduit jamais à l'accomplissement ultime ou à la réalisation de la vérité. Papaji disait souvent que travailler sur la personnalité, c'est comme tenir la queue en tire-bouchon d'un chien pour la redresser. Une fois que vous lâchez la queue, elle reprend sa forme en tire-bouchon !

◆◆◆

Le contrôleur secret

Derrière chaque personnalité, il y a un contrôleur secret. Il s'agit de la couche suivante de l'identité égotique. Le contrôleur est le « nœud de l'ego », où le moi pur et sans forme est rattaché à un corps inerte. L'ego adopte différents masques de personnalité selon les circonstances. Le contrôleur secret peut être amical, séduisant, méfiant ou coléreux, selon le rôle, les personnages et le milieu ambiant. C'est l'ego qui se prend pour Dieu.

Cet ego règne dans l'enfer de son propre mental et de ses propres circonstances au lieu de régner dans les cieux. Son histoire regorge de justifications et d'excuses pour éviter d'affronter les structures profondes qui contrôlent en fait toutes ses décisions. Cet ego est terrifié de renoncer au contrôle, même si ce renoncement au contrôle est le seuil que tout le monde est appelé à franchir pour manifester la vérité. Le contrôleur secret aux commandes de la personnalité se qualifie de « moi » et dit : « Ceci est mon corps, ceci est mon nom, ceci est mon passé. »

Dans sa tentative à transformer la désunion en unité, l'ego cherche quelqu'un avec qui partager son île. Mais cette recherche est vouée à l'échec parce que chaque ego n'est que l'apparence d'une autre île. Il ne peut exister aucun véritable sens d'unité pour le « moi » colérique, apeuré ou nécessiteux.

◆◆◆

Les trois pulsions

Le « moi » nécessiteux de l'ego est orchestré par trois pulsions qui sont inscrites dans notre ADN : la pulsion de survie, la pulsion de procréation et la pulsion sociale (qui peut également prendre la forme de pulsion à prendre le pouvoir sur les autres). Ainsi que nous l'avons abordé à la Partie 2, tout ceci s'organise autour de l'ADN et dans l'intention de permettre aux gènes évolutifs de l'ADN de survivre et de se multiplier. Ces trois pulsions, qui fonctionnent à peine sous la surface chez la plupart des gens, régissent la vie de chaque organisme. La plupart de nos décisions sont prises inconsciemment pour satisfaire l'une d'entre elles.

Par exemple, lorsque votre motivation inconsciente est la survie, vos choix sont fondés sur la sécurité — quel homme ou quelle femme sera un conjoint sûr, quel emploi est le plus sécuritaire, quels amis vous donnent le plus un sentiment de sécurité. Le mental conscient élabore une histoire bien ficelée pour justifier toutes les décisions que vous prenez à partir de la motivation inconsciente à éviter la terreur de devoir affronter le danger.

Lorsque la pulsion sociale domine, vous vous trouvez totalement pris dans le tissu familial ou dans celui des relations au sein de votre groupe social. Vous ne remarquez même pas qu'il en est ainsi, pas plus que le poisson nageant dans la mer ne remarque l'eau.

Lorsque c'est la pulsion sexuelle qui domine, vous croyez probablement que votre vivacité provient de votre énergie sexuelle et vous organisez votre vie autour de cette croyance.

Grâce au pouvoir du mental et à l'état second qu'est l'illusion (maya), lorsque vous dites « moi », vous ne parlez pas de l'espace dans chaque atome dont vous êtes fait ni aux objectifs de survie de votre ADN. Vous ne pensez pas aux pulsions concernant la survie, la sexualité ou les rapports sociaux. Vous avez plutôt une vague idée d'un « moi » fondé sur votre identification à un corps, à des pensées et à des émotions, ainsi qu'à une histoire du passé, du présent et du futur. Cette histoire est faite d'un tissu de pensées, d'images, de souvenirs, de ressentis et de sensations, avec un narrateur au centre. Tel est l'état second du « moi ». Cet état second égotique se manifeste dans les trois voiles de l'âme. Ainsi que je l'ai mentionné au chapitre précédent, chaque ego est cristallisé dans un des trois corps de manifestation :

- le corps physique, qui est charnel et plein de rage et de paresse ;
- le corps mental, qui est électrique et fondé sur la peur ;
- le corps émotionnel, qui est fluide et fondé sur le besoin.

Notre expérience commune à tous, c'est d'avoir un corps physique, un corps mental, un corps émotionnel et une identité égotique, qui regroupe ces trois premiers éléments. Peut-être n'avez-vous jamais envisagé la chose sous cet angle. Jusqu'à aujourd'hui, vous avez peut-être simplement dit « moi » sans réfléchir à ce que ce « moi » veut réellement dire. Mais chaque fois que vous parliez, vous faisiez inconsciemment référence à ces trois corps et à l'histoire personnelle qui fait de tout cela le tissu de « votre » vie.

Le fait d'être inconscient de ces trois différents corps et de l'identité égotique qui prétend que ces corps sont « miens » ne veut pas pour autant dire qu'ils n'existent pas. En examinant les couches de la conscience et en devenant plus conscients, nous découvrons ce qui est déjà là : quelque chose qui n'est pas fabriqué par les pensées ou l'imagination, mais par la structure inconsciente qui précède la pensée consciente. Cela veut simplement dire que ce qui est inconscient flotte sous la surface de la conscience éveillée.

Lorsque nous nous identifions aux mascarades des corps physique, mental et émotionnel, nous passons à côté de l'essence de l'âme. L'identification à ces corps masque « l'Être qui est béatitude consciente », le *sat-chit-ananda*. Elle bloque la lumière de l'essence. Cette lumière brille à jamais, mais les voiles qui la recouvrent créent des distorsions. Nous voyons des ombres, pas la lumière. Mais même lorsque nous vivons parmi ces ombres, la lumière de l'âme est toujours là, tout comme le soleil continue de briller même si des nuages empêchent temporairement sa lumière d'apparaître totalement.

◆◆◆

Les voix dans votre tête

Toutes les voix dans votre tête appartiennent à diverses parties de l'ego. L'acteur qui demande « Que devrais-je faire ? » et « Qu'est-ce que je veux ? » est l'ego. Le juge qui établit des règles et se blâme ou blâme les autres est le surmoi. La dualité fondamentale entre l'acteur et le juge est l'intériorisation égotique de l'âme et de Dieu. L'ego joue le rôle de l'âme rebelle qui est déterminée à prendre le contrôle des choses, alors que le surmoi joue le rôle d'un dieu qui juge et qui punit.

Ou bien l'ego suit les règles du surmoi et ressent de la rage, ou alors il les brise et ressent de la terreur. Nous passons alors notre vie dans une histoire personnalisée que nous rajoutons et intégrons à cette conversation de base entre le faire et le jugement, au beau milieu de ces voix et des décisions qui en émanent.

Toutefois, quelque chose de plus profond vibre en nous. Il ne s'agit pas d'une voix. C'est l'appel du cœur. Vous ne savez pas où cet appel vous mènera ni ce qu'il donnera, mais une fois que vous vous êtes abandonné à lui, vous savez avec certitude que cela se situe au-delà d'un choix.

Si vous sentez une profonde aspiration à rentrer au bercail, c'est que votre vrai « moi » se manifeste en vous, qu'il vous interpelle pour que vous vous débarrassiez de tout ce qui voile votre essence et pour que vous rentriez au bercail. Étant donné que le mental veut également revenir au bercail, il apprend à se calmer et à faire confiance. Et vu que les émotions veulent elles aussi revenir au bercail, elles apprennent elles aussi à faire confiance. Permettez-moi de vous poser la question suivante : Avez-vous le courage de suivre cet appel, de faire confiance à quelque chose qui est plus profond que le mental ? Avez-vous le courage de dévoiler la splendeur de votre Être ?

CHAPITRE 9

Soins et guérison

Sigmund Freud, le père de la psychologie moderne, a été le premier grand penseur occidental à cerner l'existence de l'inconscient et la structure de l'ego. Malheureusement, il semble aussi bien avoir projeté son ego comme étant le modèle universel qu'avoir eu une vision limitée du traitement et absolument aucune idée sur la façon de retrouver le chemin du bercail. Freud croyait que ce que la psychologie pouvait au plus accomplir, c'était éliminer les schèmes névrosés afin que la personne puisse avoir un ego sain lui permettant de composer avec les misères de la vie. Il a brillamment réussi à décrire la désespérance de la situation, sans cependant trouver un moyen d'en sortir.

Un des élèves de Freud, le psychiatre suisse Carl Jung, a approfondi la psychologie. Il a reconnu qu'il existe un véritable Soi et que le travail de l'ego consiste à revenir à ce dernier en comprenant et en assimilant la structure symbolique de l'océan d'inconscience. Il a travaillé avec le matériau qui remonte dans les rêves plutôt que de mettre au point une méthode explorant l'inconscient comme tel.

Il y a des centaines d'années, la méthode soufie pour traiter l'ego consistait à explorer le retour à l'essence par des pratiques comme le tournoiement sur soi, une danse cérémoniale qui invite à faire une expérience directe de la transcendance. À notre époque, en Occident, nous pouvons traiter et guérir les blessures égotiques en ayant accès à la profonde structure du mental. Nous pouvons dorénavant constater que le désespoir réside au cœur de chaque ego parce que les racines de l'ego sont vides. Et ce vide est vécu comme une perte.

Le désespoir recouvre l'essence qui s'est retirée dans les profondeurs. L'ego sent que la situation est sans espoir, que la vie est dénuée de sens et remplie de souffrances et de peurs insoutenables. La mort s'en vient, et rien ne permet d'y échapper. Par contre, si nous sommes prêts à vivre pleinement et directement cette expérience, nous pouvons découvrir ce qui se trouve plus en profondeur. Nous pouvons découvrir que la mort et le désespoir cachent une sortie secrète permettant d'émerger de la souffrance. Examinons maintenant tout cela plus en détail parce que la plupart d'entre nous ont appris à éviter la mort et le désespoir à tout prix. Et c'est ce qui nous pousse à nous réfugier dans la superficialité. Imaginez que le mental est un lac. Lorsque l'eau est propre, claire et calme, vous pouvez facilement voir ce qui se trouve dans les profondeurs du lac. Toutefois, lorsque vous jetez une pierre-pensée dans ce lac, celle-ci crée des ondes mentales qui se déplacent à la surface du lac et empêchent de voir les profondeurs et ce qui s'y trouve. Ces ondes mentales sont les ondes perturbatrices de la peur, de la colère et du désir. Aussi longtemps que la peur, la colère et le désir font des vagues, nous ne voyons pas le désespoir sous-jacent. Aussi longtemps que nous ne faisons pas l'expérience du désespoir, nous passons à côté de l'ouverture secrète située sous le désespoir, ouverture qui nous fait tomber dans le vide.

◆◆◆

Les couches d'émotions

À notre époque et dans notre culture, lorsque les gens sont sur le point de découvrir la vérité sur l'absurdité de la vie, ils entrent en dépression. Une fois déprimés, ils perdent la volonté de continuer à participer à la foire d'empoigne. En Occident, la solution courante est de traiter les symptômes avec des médicaments afin que les gens puissent éviter le désespoir, revenir à la surface et redevenir productifs. Par contre, un retour à la superficialité est également un retour aux émotions de surface, aux histoires de victimisation ou peut-être encore à l'état spirituel second provoqué par les affirmations positives.

Les émotions égotiques se présentent par couches superposées. La plupart des gens passent leur vie dans les émotions se trouvant le plus près de la surface. Les émotions qu'ils ressentent ne sont habituellement pas de véritables émotions, mais plutôt des émotions fabriquées par leur propre histoire. Par conséquent, au lieu de vivre dans la peur, les gens vivent dans la nervosité et l'anxiété. Plutôt que de vivre dans la colère, ils vivent dans la pression et la frustration. Et ainsi de suite.

Habituellement, lorsque nous ressentons une véritable émotion, une pensée nous vient – presque immédiatement – qui donne un sens à l'émotion. De cette façon, nous évitons de faire directement l'expérience de l'émotion à cause de la conceptualisation mentale. La projection, la rationalisation, le dialogue intérieur, la léthargie, le déni et la dissociation sont autant de stratégies qui permettent d'éviter l'expérience directe des émotions négatives. En général, nous ne ressentons l'émotion que très brièvement avant que l'ego n'intervienne et ne propose une histoire mentale dotée d'une signification personnelle. Par contre, si nous sommes disposés à supporter l'émotion sans y ajouter de pensée, l'expérience directe de cette émotion nous permet de découvrir que l'émotion cache un ressenti encore plus enfoui. Depuis longtemps, nous évitons ce ressenti profond encore plus que l'émotion qui le cache.

Sous la colère, il y a en général une blessure ou de la tristesse. Et sous la tristesse, il y a de la peur. Sous la peur, il y a du désespoir. Chaque fixation égotique particulière possède ses propres circuits, l'accumulation de couches d'émotions étant légèrement différente en fonction de sa structure unique d'évitement. Dans tous les cas, toutefois, vous pouvez revenir à l'essence en vous autorisant à vous laisser tomber à travers tout ce millefeuille d'émotions.

Même s'il est possible de tomber directement dans l'essence à partir d'une seule émotion, quand vous prenez ce genre de raccourci, les émotions que vous avez évitées dans votre descente dans l'inconscient réapparaîtront et vous mettront à l'épreuve en essayant de vous faire sortir de l'essence. Par exemple, si vous tombez directement de la tristesse dans la joie, la peur, la rage et le désespoir que vous n'avez pas abordés, ainsi que toutes les pensées et circonstances y correspondant, referont habituellement surface pour essayer de vous faire de nouveau croire à la transe hypnotique de l'histoire personnelle. Si vous ne revenez pas à l'incarnation de l'histoire de ces émotions, mais que vous les affrontiez directement, sans pensée, les émotions se consumeront, et l'essence rayonnante et immuable que vous êtes sera révélée.

◆◆◆

Rester présent

Nous maintenons nos ondes mentales de peur et de désir dans l'inconscient ou à l'écart d'une vision consciente en évitant le moment présent. Tout se produit dans le moment présent. L'évitement consiste à constamment penser au passé, à planifier le futur ou à monologuer quant à ce que nous devrions faire ou ne pas faire, ou ce que les autres devraient ou ne devraient pas faire. Tout ce bavardage, intérieur et extérieur, détourne notre attention de l'essentiel et nous permet d'éviter de rencontrer la vague inconsciente qui est là dans le moment présent.

Les gens disent parfois qu'ils sont « simplement dans le moment présent », mais ils sont encore inconsciemment identifiés au corps et inconscients des vagues qui arrivent à la surface en provenance des profondeurs cachées. Il s'agit simplement d'une ignorance vêtue d'un jargon spirituel. C'est un piège spirituel. Pour être véritablement dans l'ici et le maintenant, il faut inviter à la surface tout ce que vous avez toujours évité. La mort est le dernier invité à entrer dans le moment présent. Lorsque vous affrontez directement et totalement la mort et que vous réalisez ce qui ne meurt pas, vous revenez à la source, à l'Être immortel. C'est seulement à ce moment-là que vous pouvez être totalement présent, incarné sous une forme, et affronter tout ce qui peut advenir.

◆◆◆

Le trou noir

Au lieu de vous attarder dans les couches superficielles des émotions, vous pouvez envisager d'inviter le désespoir et suivre la direction vers laquelle vous tombez déjà. Alors, vous ressentirez, peut-être pour la première fois, la violence intense du désespoir que vous avez évité — le désespoir de cette vie-ci et d'innombrables vies précédentes, le désespoir de votre famille et celui du monde entier.

Si vous lui faites de la place, tout désespoir que vous avez évité sera toujours là pour être vécu. Si vous ne faites aucune place à l'expérience, il devient invisible, mais perdure inconsciemment, attendant le moment que vous soyez prêt à l'endurer.

Pour faire de la place au désespoir, il faut être ouvert et partant. Vous ne devez pas être distrait ni chercher autre chose. Vous devez être prêt à aller au fond du désespoir — à découvrir vous-même ce qui est réel — en ressentant tout ce qui est présent à tous les niveaux, en commençant par ce qui est juste sous la surface et ensuite, par ce qui est plus profond.

Lorsque vous faites totalement l'expérience du désespoir, lorsque vous plongez jusqu'au fond, vous ressortirez de ce trou à un moment donné. Le désespoir n'est pas sans fin. Vous l'êtes. En tombant dans le désespoir, vous découvrez un trou noir. Tout ce qui se trouve entre vous et l'infini néant est la terreur de l'ego de ne pas survivre. Votre disposition à laisser mourir en vous tout ce qui n'est pas réel vous permet de tomber dans le trou noir. Lorsque cela se produit, vous avez un aperçu de votre véritable Moi, de votre âme. Vous réalisez directement le secret du vide, qui est votre véritable essence.

◆◆◆

Le rétablissement de l'essence

Quand l'essence est rétablie, les mémoires cellulaires des blessures passées sont inondées d'amour. Toutes les blessures guérissent en présence de ce nectar d'amour. Par ailleurs, toutes les blessures ont une valeur, car chacune d'elles représente un apprentissage pour l'ego. Le fait d'analyser, d'imaginer et de comprendre votre situation peut être utile à un certain stade. Mais, en fin de compte, il faut être disposé à assumer la blessure, pas à lui tourner le dos ni à la défendre. C'est cela, prendre le parti de la vérité. Lorsque nous prenons le parti de la vérité, toutes les blessures passées peuvent remonter afin que nous les ressentions et que ce soit fini une bonne fois pour toutes.

Lorsque vos actes émanent d'une motivation qui dépasse l'intérêt personnel de l'ego, vous prenez position face à l'égoïsme et à l'attitude défensive de l'ego. Cette prise de position pour ce qui est naturel et juste, bien qu'elle soit contraire à ce qui est considéré comme « normal » et exigé par la survie égotique, approfondit également votre engagement face à la vérité.

◆◆◆

Rétablissement de l'essence par les épreuves et les défis

C'est en étant disposé à rester vrai malgré les défis de l'ego que nous retrouvons notre intégrité et notre totalité. Par exemple, même si l'impulsion de l'ego à chercher la sécurité nous incite à ne pas nous exprimer dans une situation, nous pouvons néanmoins faire appel à notre courage devant une telle peur pour exprimer ce qui est dans notre cœur. Ou peut-être que le défi consiste à ne rien faire quand une pulsion de désir nous incite à céder à une douce tentation. En restant sans rien faire au lieu de succomber au désir, le désir se consumera et exposera une couche plus profonde.

Ainsi, notre intégrité face à la vérité permet de réintégrer l'essence à notre vécu, et cette intégrité grandit et s'approfondit avec de tels gestes non égotiques. Toutefois, lorsque l'ego essaie de faire semblant de rester vrai, un surmoi spirituel se développe à la place de l'intégrité, surmoi doté de règles de conduite et d'autres machinations concoctées par le mental.

Les épreuves de l'ego offrent toutes un défi semblable. Soit on se branche sur l'égoïsme, qui se fonde sur les peurs et les désirs de l'ego, soit on se branche sur l'absence d'ego, qui se fonde sur notre nature transcendante vraie, l'amour intelligent. Paradoxalement, rester vrai peut parfois faire enfler l'ego. L'importance que l'on se donne pour avoir fait quelque chose de juste gonfle l'ego, crée de l'arrogance et de la fierté. C'est une préparation à l'épreuve suivante. Le seul traitement efficace pour traiter et guérir l'ego du sentiment blessé du Soi consiste à rester dans la vérité, peu importe ce qui se présente pour nous mettre à l'épreuve.

CHAPITRE 10

Les cerbères que sont la peur et le doute

Tous les jours, même si les gens atteignent un point où ils pourraient croiser la route de la libération, ils se détournent de peur dès qu'ils voient un serpent dangereux sur la route. Ils se détournent toujours chaque fois qu'ils rencontrent ce serpent, jusqu'au jour où ils croisent quelqu'un de l'autre côté de la route à cet instant de peur qui leur dit qu'il ne s'agit pas d'un serpent, mais seulement d'une corde. Il n'était pas nécessaire de tuer ou de transformer le serpent pour traverser la route en toute sécurité. Le soutien et la vision d'une personne étant déjà passée de l'autre côté aident ceux qui cherchent la libération à voir les choses telles qu'elles sont.

Le chemin qui conduit de l'esclavage à la libération est ponctué d'épreuves, entre autres celles qui nous obligent à affronter nos serpents intérieurs, c'est-à-dire les cerbères que sont la peur et le doute. La peur signale la ligne de délimitation de l'ego. Ce que nous qualifions de « moi » se trouve à l'intérieur de cette ligne, tandis que ce qui est à l'extérieur d'elle est inconnu et effrayant. Rappelez-vous que l'ego est une machine à survie et que, pour maintenir notre sécurité, toute sa programmation nous pousse à éviter la peur et le danger. La peur de l'inconnu nous maintient dans la superficialité et nous pousse à nous engager uniquement dans la trivialité et à éviter la terreur plus grande qui pointe son nez juste sous la superficialité des choses. Cependant, l'âme nous incite à cesser de nous engager dans des schèmes de survie et à prendre position pour affronter la terreur qui régit notre vie depuis longtemps.

Nous évitons la peur en pensant, et la pensée manifeste les thèmes du doute et de la sécurité. Chaque fois que nous avons une pensée fondée sur un doute ou sur un besoin de sécurité, nous évitons l'expérience directe de la peur. L'incertitude, la prudence, la comparaison, les commentaires, le monologue intérieur, la dissociation, les jugements et les tergiversations provoqués par la question « Que devrais-je faire ? » sont autant de façons névrotiques d'éviter l'expérience directe de la terreur de l'inconnu.

◆◆◆

Types de peur

Même si presque toutes les peurs sont de nature névrotique, la peur peut cependant être saine dans sa forme la plus pure. Dénuée de tout doute, la peur saine n'est pas de nature mentale. La véritable peur est nette et ne laisse pas de trace. Quand vous ressentez une peur pure, il n'y a chez vous aucune hésitation, et vous passez à l'action sans le moindre doute, comme c'est le cas quand vous faites un saut en arrière pour éviter un bus qui arrive sur vous. Aucune conversation névrotique ne se déroule dans votre tête quant à ce que vous devez faire, et vous n'avez aucun besoin de continuer à focaliser sur la peur une fois le moment passé.

La véritable sagesse révèle tout naturellement. S'il existe une raison à de la prudence, celle-ci se manifeste organiquement, pas par le truchement du doute. Vous la sentez, la goûtez et la percevez sans qu'il y ait le moindre doute.

La tension dans l'abdomen peut signaler une peur névrotique causée par l'évitement. La sensation de resserrement dans le ventre est souvent causée par un refus à ressentir l'émotion. Ce refus se traduit par une sensation de tension dans le corps.

La peur non assumée se manifeste d'abord sous la forme d'un chuchotement, d'un bruissement délicat. Si vous n'en tenez pas compte, si vous prétendez qu'elle n'est pas là, elle se manifestera sous la forme d'un bruit de hochet. Et si vous n'en tenez toujours pas compte, elle se transforme en tremblement. Si vous persistez à l'ignorer encore plus longtemps, elle se transforme en tempête. Et si vous continuez de l'ignorer, elle vous serre le cou et ne vous lâche pas jusqu'à ce que vous lui prêtiez attention.

Ce que nous devons faire, c'est simplement nous laisser descendre sous le niveau du mental, qui monologue toujours au-dessus du cou, pour tomber dans la peur, qui se situe dans le corps émotionnel, un peu comme si nous tombions dans un puits. Même si nous pouvons avoir l'impression qu'il s'agit d'un océan de peur, il est important de plonger encore plus en profondeur parce que les murs de notre prison sont faits de peur — de la peur de ce qui peut se trouver de l'autre côté. Sentez le noyau de cette terreur figée et massive, cet iceberg d'horreur. Même si c'est quelque chose que nous n'avons jamais voulu ressentir, une fois que nous en avons fini avec notre prison, que nous ayons peur ou pas n'a plus d'importance. Les murs de la peur ne nous arrêtent plus.

◆◆◆

Le doute

Aussi longtemps que nous sommes identifiés à notre mental et que nous croyons que nous sommes le mental, nous continuerons à avoir des doutes. Nous nous demanderons ce qui est digne de confiance. À cause de tout ce bruit dans notre tête, la confusion et le manque de clarté règnent. Nous sommes dans l'incapacité de voir ce qui est juste sous notre nez parce que nous vivons dans le passé et le futur, et que nous sommes dissociés du présent.

Vu que le mental égotique a pris la place de Dieu, son arrogance lui fait penser qu'il est le créateur. Par contre, dès que nous sommes disposés à renoncer à l'arrogance qu'est l'expansion de l'ego, le mental se rend et laisse le contrôle au cœur – pas au corps, pas aux émotions et pas aux pensées, mais au véritable cœur, à l'amour conscient qui réside dans un silence absolu et omniprésent. Qui sera aux commandes? L'amour conscient immortel ou bien le mental? Tel est le choix que nous avons.

Le doute est une fixation, et la fixation est l'œuvre d'un ego conditionné. Aussi longtemps que nous croyons que le doute peut nous apprendre quelque chose, nous défendrons et renforcerons la fixation. Le doute est une maladie généralisée du mental, la peur mentale de tomber dans l'inconnu. Poussé à son extrême, le doute se transforme en paranoïa et en instabilité mentale.

Peut-être faites-vous l'expérience de la vérité, de l'Être pur affranchi, et que soudain la peur survient. De cette peur émerge le doute, et de ce doute une histoire s'élabore. Avec cette histoire s'installe une attitude défensive qui se traduit par une projection. Et par cette projection, vous vous sentez trahi par un «quelqu'un d'autre». Comme vous vous sentez trahi, vous assumez une fausse dépendance. Vous commencez à vous fier au doute, vous demandant quoi faire pendant que le cycle dément du mental continue de tourner en boucle. Votre vie tout entière a été une quête du divin, mais maintenant que vous avez trouvé ce que vous cherchiez, vous voulez fuir parce que vous avez peur d'être détruit par l'amour, même si l'amour vous interpelle du plus profond de vous.

Vous pourriez sans cesse ressasser la question «Qu'est-ce que je dois faire?» pour éviter la peur de l'annihilation. Vous vous accrochez donc au mental pour ne pas avoir à sombrer dans la peur. Mais ce faisant, vous n'êtes pas présent au moment présent. Si vous êtes disposé à faire place à la peur, celle-ci perdra son pouvoir sur vous. Il faut faire cesser les pensées sur la signification de la peur et sur ce que vous devriez faire. Si vous êtes prêt à faire l'expérience de la peur comme telle, vous pourrez découvrir qu'elle vous conduira vers un au-delà sans limites. Elle est réellement votre propre *shakti*, votre propre force vitale, celle qui vous conduit vers le vide, qui vous incite à tomber en vous pour découvrir la vastitude qui s'y trouve.

L'intuition naturelle s'exprime toujours à travers le silence. Par conséquent, lorsque vous vous parlez, vous ne pouvez pas entendre l'intuition. Le fait de vous parler draine votre force vitale. Lorsque le doute survient, ne lui cédez pas et ne le prenez pas personnellement. Le doute n'a rien à vous apprendre. Ce n'est rien d'autre qu'une pensée qui passe. L'angoisse et le doute sont de la peur embellie par une histoire. Si vous restez dans l'histoire, vous n'aurez pas accès à la peur.

Alors, mettez l'histoire de côté. Cessez de céder au doute et affrontez tout ce qui survient. Invitez la peur. Laissez-la devenir plus forte. Suivez votre cœur. Ce que vous êtes vraiment peut composer avec tout. Comme ce que vous pensez être n'existe pas, vous n'avez rien à perdre. Lorsque la personne que vous pensez être semble se dissoudre, vous réalisez qui vous êtes en restant silencieux. Que reste-t-il lorsque vous vous dissolvez ? Que reste-t-il quand vous supportez ce que vous pensiez être insupportable ?

Les doutes peuvent se comparer à des doses d'héroïne. Nous avons développé une dépendance à leur égard. Nous pensons avoir besoin d'une autre dose. Mais ces doses n'ont rien de nouveau à nous donner, rien de frais.

Alors, arrêtez.

Renoncez à vos dépendances. Vos drogues sont la peur, le doute et la sécurité. N'y touchez pas. Ce sont des poisons.

◆◆◆

La peur de la mort

Souvent, les gens disent qu'ils sont heureux quand ils sont seuls dans la nature. Peu de stimulateurs dans la nature viennent chercher le « Je ». Par contre, dès qu'un risque, un danger, une personne ou quelque chose interpelle le « Je », ce dernier remonte au créneau. Et avec lui vient une pensée ou en général un grand nombre de pensées.

C'est ce « Je » que vous devez examiner afin de vérifier s'il est réel. Vous identifier à lui est épuisant. Il ne vous laisse même pas faire votre travail correctement. En fait, votre travail se déroulerait beaucoup mieux s'il ne pointait pas le bout de son nez. Quel soulagement ce serait s'il n'y avait pas ce « Je » constamment en train de penser à ce qui doit être fait et bien fait, et en train d'énumérer toutes les histoires qui accompagnent ce film en particulier.

Ce « Je » nous sert uniquement à éviter la peur de la mort. Mais si vous voulez vraiment être libre, vous devrez affronter la mort et même l'accepter. Il n'est pas question ici d'exhortation au suicide, du désir de mourir pour pouvoir revenir au sommeil. Ce n'est pas le corps qui doit mourir. Laissez le corps vivre, supportez l'insoutenable fardeau qu'est le fait d'être vivant. Ce faisant, vous serez emporté vers l'abysse intérieur. Et une fois que vous y êtes, il n'y a plus rien d'autre à supporter. Vous pouvez laisser tout votre fardeau derrière vous et vous laisser sombrer dans cet abysse.

Il faut beaucoup de courage pour vouloir vivre et en même temps être disposé à mourir. Et c'est ce dont vous avez besoin pour réaliser votre vérité en direct et la servir.

◆◆◆

La peur de la folie

Lorsque nous évitons la peur de la mort, nous pouvons avoir l'impression de devenir fous. Et nous entrons dans la peur de perdre la tête. C'est la structure même de l'ego qui nous pousse à être terrorisés par la folie ainsi que par la mort. C'est la peur de perdre le contrôle et de sombrer dans le délire. Mais telle est en fait notre condition actuelle ! Observez dès maintenant que vous n'êtes pas aux commandes et que vous êtes actuellement en train de monologuer. Et qu'en ce moment même, vous êtes en plein délire, en pleine illusion.

S'éveiller ne veut pas dire devenir fou, se déchaîner ou devenir stupide. Vous faites déjà un assez bon « boulot » dans ce sens. Ce qui vous est demandé, c'est de devenir sain, et peut-être pour la première fois de voir les choses telles qu'elles sont, libérées de toute projection. C'est un pas vers la santé mentale, alors que l'ego névrosé a l'impression de perdre quelque chose.

Lorsque vous sentez une peur de devenir fou, accueillez-la totalement. Elle peut uniquement survenir sous la forme d'une voix qui parle dans votre tête. C'est cette voix qui *est* la folie. Restez silencieux et cessez d'emboîter le pas à la voix de la folie, qui s'exhibe comme étant un saint Thomas rationnel et intelligent qui doute de tout. Laissez-vous tomber dans la peur qui se trouve en dessous de votre tête. C'est la vague de terreur que vous n'avez pas encore ressentie qui donne naissance à cette voix et à son histoire. En emboîtant le pas à cette voix, vous évitez de ressentir directement la terreur. Mais si vous êtes disposé à affronter directement et totalement la terreur, vous tomberez sur la peur, encore plus profonde, de l'annihilation.

Alors, allez directement dans la peur. Accueillez le ressenti lié à toutes les peurs — la peur provenant de toutes les vies passées, la peur provenant de votre famille, la peur provenant de votre culture. Les peurs du monde entier et de tous ses royaumes attendent seulement que vous soyez prêt à les ressentir. Elles vous conduiront ensuite vers le trésor qui est enfoui sous elles.

◆◆◆

Affronter directement la mort

Ramana Maharshi est un des êtres illuminés les plus universellement reconnus de notre époque moderne. Son éveil est survenu tout à fait spontanément alors qu'il avait 16 ans. Comme son père était décédé l'année précédente, sa famille avait été dispersée, sa mère et certains des enfants ayant été vivre chez un proche, tandis que lui et un de ses frères étaient allés vivre chez un autre proche.

En observant cette situation sous l'angle de notre vision occidentale contemporaine, nous pouvons supposer que la mort de son père lui a causé un grave trouble psychologique. Quoi qu'il en soit, sans aucune cause apparente externe, un jour, le jeune homme se sentit submergé par la peur de la mort. Il s'allongea alors sur le sol, les yeux fermés, pour affronter sa peur. Il sombra à l'intérieur de lui et réalisa que, lorsque le corps meurt, lui ne meurt pas. Il réalisa qui il était réellement : un esprit immortel habitant un corps.

Peu après, Ramana perdit tout intérêt pour l'école et s'enfuit de chez lui pour trouver son père spirituel, qui était son bien-aimé mont sacré d'Arunachala. Ensuite, Ramana Maharshi n'a plus jamais quitté de sa vie la montagne. Des milliers de personnes sont venues à lui de toutes les parties du monde pour s'asseoir en présence de son Être fait d'amour, d'extase et de silence.

Quand vous affrontez la peur directement, vous comprenez que celle-ci n'a aucune cause réelle. Lorsque vous affrontez la peur de la mort droit dans les yeux, rien ne meurt, sauf les idées que vous vous faites de vous. La seule chose qui meurt, c'est votre identification à la chair. Ce n'est pas tant qu'elle meurt que le fait que vous réalisez qu'elle est immatérielle, qu'elle n'a aucun poids et n'a jamais vraiment existé. Il ne s'agissait que d'une méprise d'identité !

Tout l'enseignement de Ramana Maharshi tourne autour du fait que nous sommes déjà l'Être que nous recherchons. Selon lui, tout ce qui peut être conquis sera perdu. Trouvez ce qui ne va et ne vient pas, ce qui est immuable, et vous vous réaliserez en tant qu'Être immortel.

Bien entendu, il est terrifiant d'affronter la mort. Si cela ne l'était pas, cet ouvrage ne serait pas nécessaire. Néanmoins, vous voulez être libéré malgré la peur. Cela ne veut pas dire qu'il faut attendre que la peur s'en aille, mais qu'il faut rester vrai même quand on ressent de la peur. Alors, traversez la peur de la mort pour découvrir ce qui ne meurt pas. Soyez intrépide. La peur viendra. Par contre, la maturité est tributaire de votre volonté à rencontrer la mort en tête-à-tête. Aucune de vos stratégies pour éviter la peur ne fonctionne, que vous essayiez de calmer le mental, de refouler la peur, de respirer profondément ou de changer les circonstances de votre vie. Même si vous changez de travail, de relation ou de lieu de résidence, le « Je » qui a peur refera surface.

La peur de la mort fait de nous des esclaves au niveau le plus profond. Elle nous maintient en esclavage. C'est ce qui fait que la liberté est si rare. Il est impossible d'acheter la liberté en ligne ni de la trouver dans une quelconque aventure lointaine. Nous trouvons la liberté en étant disposés à revenir en nous et à directement faire face à la peur de la mort, ici et maintenant.

Il vaut mieux être libre avec un corps mort qu'être un esclave dans un cauchemar de somnambulisme appelé « vie ». La réalisation est le début d'un bel épanouissement. Le problème ce n'est pas le corps, c'est la croyance non remise en question que quelqu'un contrôle le corps. L'idée que quelqu'un doit se retrouver face à sa propre mort. Alors, nous découvrons ce qui ne meurt pas.

Lorsque vous vous réalisez et que vous découvrez que vous êtes ce qui ne meurt pas, le corps devient pour vous un grand cadeau et une incarnation sacrée. Bien entendu, il est précieux, mais il n'est pas vous. Si vous adorez le corps sans d'abord affronter la peur de la mort, vous vous identifiez à un corps et vous défendez ce dernier aux dépens de la libération et de la véritable liberté.

Si tout ce que vous voulez, c'est que la peur de la mort s'en aille, vous passez à côté d'une grande opportunité. Il existe de nombreuses façons de se couper de la peur. Une immense pharmacopée est à notre disposition pour nous aider à supprimer la peur. Bien des gens préfèrent anesthésier leurs peurs. Ils se satisfont de rendre leur sommeil suffisamment confortable pour ne jamais avoir à ressentir la peur de la mort.

Nous avons hérité de la peur profondément ancrée dans notre génétique et dans notre conditionnement familial que le corps pourrait mourir de faim, de cancer ou de tout autre désastre imprévu. Une chose est certaine, c'est que le corps va mourir. Sur le plan de l'ego, soit vous niez cette réalité, soit vous êtes terrifié par elle. Lorsque vous êtes prêt à accueillir la peur de la mort et à dire « Ok, mort, viens et prends-moi ! », vous sectionnez tout lien d'identification au corps. En affrontant directement la peur de la mort et en étant prêt à mourir pour la vérité, vous passez de l'autre côté et vous manifestez directement ce qui ne meurt pas.

Comme on peut s'y attendre, tout dans notre vie est mené par la peur de la mort. Nous avons peut-être des raisons spirituelles de faire tout ce que nous faisons, mais sous tout cela se cache cette peur non conscientisée. Nous avons en fait beaucoup de chance d'avoir cette peur. Faites-en bon usage ! Accueillez-la pour devenir plus fort. Dites-vous ceci : « C'est une bonne journée pour mourir. Je me suis engagé à trouver la vérité. La vérité est plus importante que la peur. » Lorsque la peur survient, sentez-la totalement. À un moment donné, elle se dissipera et sera remplacée par autre chose. Sentez cette autre chose pleinement, et ceci se dissipera aussi. Tout va et vient, sauf ce que vous êtes. Les événements et les expériences vont et viennent, mais la vérité que vous êtes est immuable.

◆◆◆

La conscience est omniprésente

La peur est la porte secrète qui nous permet de découvrir ce qui ne meurt pas. Appuyez-vous sur cela. C'est le début de la vie. Une fois que la peur n'a plus de sens, vous pouvez l'affronter sans histoire. Alors, vous remarquerez probablement que ce que vous appeliez autrefois la peur était en fait un éclair de vitalité.

Et que cet éclair de vitalité vous dispose à rester dans l'insécurité, car dans celle-ci vous découvrirez la véritable sécurité. Toute notre activité mentale et notre imaginaire ne nous procurent jamais de sécurité. Ils nous lèguent une vie d'esclavage fondée sur une idée de sécurité.

Abandonnez-vous au divin et laissez tout remonter à la surface. Être sain, c'est être dans le moment présent. Être dans le moment présent, c'est faire l'expérience de tout et sombrer plus profondément en soi. Ensuite, ce qui se dissout, c'est la souffrance et ce qui reste, c'est la pureté de l'amour de votre véritable Être.

PARTIE 4

L'ÉVEIL

CHAPITRE 11

La grâce, l'éveil et le silence

Le moment est venu de vous réveiller. Vous avez entendu l'appel. Vous avez rassemblé votre courage pour le suivre. Vous vous êtes consacré à la libération. Vous avez goûté à ce qu'est votre véritable Être. Maintenant, c'est le moment de vous reposer.

Le suprême yoga du repos

Une fois que vous avez fait tout ce que vous pouviez – que vous avez mis à contribution toute votre intention et toutes vos ressources au service de la brûlante et unique question de la libération et de la liberté, que vous avez laissé derrière vous tous les concepts et tout ce que vous pensiez savoir, que vous avez renoncé au contrôle, à la contraction et à la défense, affronté la terreur de la mort et invité tout à venir à vous – votre travail est terminé. Vous pouvez vous reposer.

Le repos est le yoga suprême. L'ego se méprend sur la nature du repos et abuse de l'idée de repos en le considérant comme de la paresse ou un manque de focalisation. Le repos n'est pas de la paresse. Au contraire, il est quelque chose de clair, de pointu et de présent. Le repos peut être très actif, mais il ne comporte aucun stress, aucun effort, aucune distraction, aucune impatience et aucune attente. Le véritable repos est de nature vigilante, détendue et ouverte. Nombreux sont les gens à confondre repos et confort. Le yoga du repos peut très bien ne pas être de nature confortable. Au contraire, il permet à l'inconfort de se manifester et de se consumer dans le feu de la liberté.

L'art du non-mouvement est l'accomplissement du yoga suprême du repos. Qualifier le non-mouvement de repos prête peut-être à confusion, car c'est quelque chose de brûlant, d'intense et, souvent, d'émotionnellement souffrant. Le repos dans le non-mouvement consiste en fait en la clarté toujours vigilante de l'intelligence. Ce repos invite la souffrance inhérente à toutes les identifications à se manifester et à brûler dans le feu de l'amour, son carburant étant l'ouragan du silence. Le véritable repos permet au silence de se révéler. Et le silence est le chant de Dieu. Le silence est la plénitude illimitée du vide, au sein de laquelle la grâce apparaît.

◆◆◆

La grâce

La grâce est une des facettes de l'amour, et l'amour est votre vrai Moi. Le mot « amour », tout comme le mot « Dieu », s'est dégradé parce qu'il a été galvaudé. L'amour n'est pas une idée restant de votre conditionnement passé. Pas plus qu'il n'est un élan d'affection de quelqu'un pour quelqu'un d'autre. De nombreuses langues disposent de tout un éventail de mots pour décrire l'amour. Par exemple, dans la langue perse, il existe 10 mots différents pour parler d'amour, entre autres des mots pour décrire l'amour entre une mère et son enfant, entre un père et son fils, entre des sœurs et entre des amants secrets. Néanmoins, l'amour suprême parmi toutes ces sortes d'amour est le véritable amour du cœur qui s'abandonne d'un côté et qui s'accueille de l'autre. Nombreux sont les gens à avoir qualifié cet amour de passif, alors qu'il n'est absolument pas passif. L'amour est la force active du vide.

L'amour prend différents visages selon le rôle qu'il joue. En tant qu'instigateur de l'ego, il prend la forme de la mort, le terrifiant cerbère gardant les portes de l'immortalité. Une fois que l'âme a consciemment affronté la mort, l'amour apparaît sous la forme de la grâce, qui nous ramène de l'autre côté. Dans un moment de grâce, l'ego disparaît, comme toutes les ombres disparaissent en pleine lumière. Ce qui reste, c'est l'âme libérée dans sa forme incarnée.

L'ego ne peut forcer la grâce, car l'amour ne sert pas l'ego. L'ego ne peut pas gagner la grâce, puisqu'aucun d'entre nous n'a gagné la grâce de l'éveil. L'ego ne peut ni manipuler ni contrôler la grâce. Ce n'est qu'en renonçant à tout contrôle que l'ego peut inviter la venue de la grâce. Et il est terrifiant de renoncer au contrôle. Dans la vie d'un animal, le contrôle est un avantage évolutif. Vous ne pouvez renoncer au contrôle, à moins d'affronter l'illusion que vous avez le contrôle. Ce n'est qu'à ce moment-là que la grâce peut advenir.

La grâce n'est cependant pas un élixir magique qui change les événements et interrompt la souffrance. Des horreurs se produisent sur terre. De bonnes personnes meurent de façon absurde, tandis que des assassins vivent dans le confort et la richesse. La grâce ne change pas ces horreurs. Ce que la grâce fait est plus mystérieux que ça. Elle permet de faire bon usage de ces horreurs. La grâce transforme la souffrance inconsciente en souffrance consciente. Alors que l'ego fuit la souffrance et souffre encore davantage, la grâce nous permet d'arrêter de courir et d'aller à la rencontre directe de la souffrance. Par ce contact direct, la souffrance telle que nous la connaissons cesse.

Le fait de porter consciemment la souffrance – personnelle, relationnelle, globale et universelle – fait naître, de façon surprenante, l'extase du renoncement et la joie de la gratitude. Ces deux éléments sont en fait les réactions naturelles du cœur, qui est ouvert à la grâce de la révélation. La révélation est le fruit que vous récoltez en portant la souffrance consciemment, parce que la souffrance est un passage secret vers votre Être, votre véritable Être. La grâce est la mystérieuse force divine qui nous fait traverser l'océan de souffrance, même lorsque nous évoluons au sein des horreurs du monde.

Rendu à ce point-ci, vous vous trouvez devant un choix. Votre vie peut être rendue à la grâce et servir à mettre fin à la souffrance dans le monde. Cette tâche est si gigantesque que c'est comme si vous vouliez vider l'océan avec une tasse. Mais c'est le travail sacré de la grâce. Grâce à lui, l'extase du renoncement s'approfondit. Vous découvrez la joie, l'amour et la bonté qui existent partout, et le nectar de l'immortalité vous sustente. Vous réalisez ensuite qu'il n'y a personne qui sert, personne qui est servi et aucun acte de service. Cette réalisation ouvre un autre trou dans le soubassement de votre Être, et vous réalisez ce que l'on appelle la « véritable nature du Bouddha ». Ensuite, le bouddha renonce à sa position pour saisir la tasse et reprendre la tâche de vider la mer de souffrance.

◆◆◆

Être vous-même

« Sois toi-même », disent souvent les mères à leurs enfants. Mais qu'est-ce que cela veut réellement dire ? Pendant toutes nos vies, nous avons essayé différentes stratégies pour être nous-mêmes. Pour certains d'entre nous, être nous-mêmes veut dire être passés à l'acte pour satisfaire notre concupiscence et nos fantasmes. Pour d'autres, être nous-mêmes veut dire faire ce que nous pensons que les autres s'attendent à ce que nous fassions. Mais en vérité, vous ne pouvez être vous-même à moins de vous connaître.

La réalisation de soi est le fruit du renoncement, et la profondeur de votre béatitude donne la mesure de la profondeur de votre renoncement pour aller vers l'Être. Le renoncement invite la venue de la grâce, et la grâce amène à la réalisation de la vérité. Une fois que vous avez passé le seuil de la mort et que vous baignez dans le nectar de l'immortalité, vous savez que vous êtes inébranlable, au-delà de tout doute et de toute raison. Ce savoir transcende toute connaissance.

Grâce à ce savoir, vous êtes installé dans la réalisation de votre Être véritable. Vous ne pouvez atteindre ce niveau de réalisation sans passer par une période d'intense consumation dans le feu du non-mouvement. En restant impassible devant toutes les tentations, l'identification latente se consume, tout comme les pensées latentes de fierté et de spécificité qui surviennent avec la réalisation divine. Avoir des arrière-pensées de fierté et de spécificité est un piège du mental égotique. Si vous ne cédez pas à de telles pensées et que vous ne croyez pas qu'elles sont réelles, la flamme sacrée de l'amour s'allume, et révèle une profondeur qui dépasse ce que vous avez réalisé un moment plus tôt. Rapidement, vous constatez que ce qui semblait si profond et qui en fait était profond comparativement au reste de votre vie, n'était en réalité qu'un haut-fond d'un océan encore plus profond. Lorsqu'il n'y a plus de fond, vous êtes devenu un.

◆◆◆

L'éveil

Bien des gens ont entendu des histoires extraordinaires en ce qui concerne le moment de l'illumination, de l'éveil. C'est un moment qui ne peut se décrire avec des mots parce que l'éveil se produit au-delà de toutes connaissances. Mais ce que l'on peut en dire, c'est que tout ce que vous pensiez être réel s'avère intangible. Et vous réalisez que la réalité est l'état permanent de votre Être.

Le grand piège, c'est que les gens courent après l'expérience d'éveil, alors qu'elle n'est que le sous-produit de la réalisation de soi. Courir après l'expérience d'éveil, c'est comme courir après la fumée, qui est un sous-produit du feu, et passer à côté du feu comme tel. Vous ne pouvez pas réussir à vivre une expérience d'illumination en la pourchassant. Ce n'est que l'ego qui essaie de faire le travail de la grâce. Tout ce que vous pouvez faire, c'est renoncer, capituler.

Alors que certains courent trop après l'illumination, d'autres renoncent trop facilement. Selon eux, ce n'est pas quelque chose de réel. Freud a affirmé n'avoir jamais fait l'expérience océanique de l'unité. C'est ce qui l'a conduit à émettre la théorie qu'il s'agissait d'une expérience infantile égotique dont certaines personnes se souviennent. D'autres encore estiment qu'ils ne peuvent rien faire pour arriver à l'éveil. À la place, ils essaient simplement d'être « ici et maintenant », mais se méprennent sur ce qu'ils doivent faire pour être présents. Le renoncement et l'acceptation de ce que vous êtes tel que vous êtes peut prendre la forme du piège égotique de la résignation ou de la complaisance. Et vous ratez le coche. Lorsque vous êtes réellement présent à l'instant, votre vie intérieure se modifie au niveau le plus fondamental.

Même si l'expérience de l'éveil est essentielle, elle est totalement personnelle. Ce ne sera pas l'expérience que vous avez lue ou imaginée. Chacun de nous a sa propre expérience d'éveil parce qu'elle est le reflet de nos représentations mentales respectives. Chaque incarnation possède une empreinte génétique qui diffère de celle de tous les autres êtres de la planète. Chacun de nous a un point de vue unique dans la dimension relative du temps et de l'espace. Aucun autre être occupe, a occupé ou occupera votre propre moment d'éveil. Donc, la révélation de l'Être cosmique unique est propre à vous. Il n'existe pas une seule expérience d'éveil, mais d'innombrables expériences d'éveil, certaines étant plus profondes, d'autres plus amples et d'autres, courtes et superficielles.

Étant donné que la grâce est un appel de votre propre cœur à revenir au bercail, elle prépare la voie exactement de la bonne façon pour votre mental et les circonstances. Habituellement, de nombreux aperçus d'éveil annoncent l'éveil par l'activation et la désactivation de la vision intérieure. La plupart des gens font l'expérience de nombreux aspects des diverses saveurs de la divinité avant de faire l'expérience de l'arrêt final du mental. Lorsque cet arrêt révèle ce qui se trouve derrière toute expérience, le *sahaj samadhi* (le fait d'être totalement votre véritable Être en présence de tous les états) s'installe dans votre forme humaine.

Chaque fois que vous touchez l'inconnu, vous avez une appréciation plus profonde de sa vastitude et de sa diversité. On pourrait comparer cela à la métaphore des quelques centimètres carrés du genou d'un éléphant. Quand vous en touchez la peau, à part de sentir la texture de la peau, ses plis et ses rides, vous êtes également conscient qu'il y a une présence plus vaste. L'Être est la totalité intemporelle et sans forme de la conscience qui prend toutes les formes, tous les visages et tous les rôles pour s'éveiller à lui-même et s'émerveiller de sa propre réverbération dans les innombrables vies uniques.

◆◆◆

Après l'éveil

Les gens s'attendent souvent à ce que leur vie change radicalement une fois qu'ils ont atteint l'éveil. Naturellement, comme l'ego cherche l'illumination, son idée de ce que cela sera n'est rien d'autre qu'une projection du passé. En vérité, il n'y a aucun moyen de savoir de quoi votre vie aura l'air après l'éveil. Vous pouvez penser que tous vos problèmes disparaîtront. Le plus probable, c'est que tous vos problèmes persisteront, mais en tant qu'alliés. Ils vous aideront à découvrir les structures de votre mental à mesure que votre réalisation s'approfondira.

Bien des gens croient que l'illumination guérit les maladies corporelles. Ce n'est pas nécessairement le cas. Ce qu'elle guérit, c'est le rapport de la personne à la maladie corporelle. Si vous mangez mal et que vous négligez votre hygiène dentaire, vous finirez par avoir des caries. Le fait de changer votre alimentation et d'améliorer votre hygiène ne fera pas revenir les dents cariées et perdues. C'est tout simplement le karma de la situation. Le corps est le dépositaire de tous les moments karmiques passés. Tout laisse une trace. Lorsque vous avez atteint l'éveil, plus rien n'est un problème pour vous. Même le corps qui se dégrade et qui se délabre lentement pour décliner jusqu'à la mort n'est pas un problème. Au lieu de ça, tout est utile, et rien n'a besoin d'être différent. Cet état de conscience vous permet de vivre heureux et en paix, même quand des éléments karmiques remontent.

Quelqu'un a une fois demandé à Ramana Maharshi la raison pour laquelle son corps était déformé à force de rester si longtemps assis. Il avait des tics faciaux et se servait d'une canne pour marcher. À cela il a répliqué ceci : « Une fois que l'éléphant entre dans la tente, la tente n'est plus jamais la même. »

Nombreux sont ceux qui croient que, une fois qu'ils sont illuminés, ils deviendront de grands maîtres. C'est peut-être le cas, bien que cela puisse prendre une forme différente de celle à laquelle vous vous attendez. Bien entendu, il est possible que rien ne change à l'extérieur, mais qu'il émane de ceux qui sont illuminés paix, amour et silence. Les âmes chanceuses qui sont prêtes reçoivent tout cela par transmission. Cela commence par relation immédiate – pas par les sermons, les enseignements, les corrections ou la notification des erreurs – grâce à l'émanation silencieuse de l'amour bienveillant, net, honnête qui soutient et n'est pas investi dans le résultat.

Certaines personnes craignent que, si elles deviennent illuminées, elles finiront comme Ramana Maharshi, seul sur une montagne sans aucune possession. Si telle est votre destinée, c'est ce qui se passera sans que vous preniez une décision consciente, et l'expérience sera extatique. Mais il est plus probable que votre vie suivra les mêmes rails que ceux que vous suivez actuellement. Tel est en soi l'enseignement du repos. Ne forcez rien, n'évitez rien et ne vous incrustez nulle part. Ainsi, vous découvrirez la joie naturelle d'être vous-même.

◆◆◆

Le silence

Une fois que vous vous êtes installé dans votre véritable Être, les pensées peuvent aller et venir sans aucune conséquence. Les pensées utiles sont utiles et les pensées fantaisistes sont fantaisistes. Vous voyez les vieilles préoccupations névrotiques et dysfonctionnelles pour ce qu'elles sont et vous les ignorez, les laissant ainsi se perdre de nouveau dans le silence.

Le silence est le fondement de l'Être, un puits sans fond, sans parois ni limites. Lorsque vous êtes silencieux, les choses se font toutes seules. Dans le véritable silence, il y a clarté et intelligence. Vous voyez les choses telles qu'elles sont, et la sagesse véritable et l'action juste apparaissent naturellement.

L'autre mot désignant le silence, c'est « réalité ». Aussi longtemps que vous croyez que ce que vous voyez est réel, que ce que vous pensez est réel et que ce que vous sentez est réel, vous passez à côté de la réalité. La réalité est invisible et omniprésente. Lorsque vous découvrez le silence, vous découvrez la réalité qui lui est inhérente. « Réalité » veut dire « ce qui ne change pas, ce qui ne fluctue pas, ce qui ne finit pas ». Lorsque vous avez vraiment assimilé cela, vous pouvez faire la distinction entre ce qui est réel et ce qui est irréel. Vous vivez dans la réalité au lieu de vivre dans la projection, celle-ci étant l'idée du mental de la réalité projetée sur ce qui est perçu comme étant à l'extérieur de vous.

Même si toutes vos expériences sont subjectives, la constante est le silence objectif. Silence ne veut pas dire absence de bruit. Le silence est le fondement à partir duquel aussi bien le bruit que la quiétude peuvent exister. Pour pouvoir pénétrer la vérité du silence, le bruit du mental doit cesser pendant un certain temps.

Ainsi que je l'ai mentionné plus haut, l'arrêt du mental est un des paramètres universels de la présence de la grâce. Quelle que soit la réalisation, il est essentiel que le flot des pensées cesse. Sinon, nous conceptualiserons toutes les réalisations une fois le moment passé. Lorsque vous pratiquez le yoga suprême du repos et que la grâce arrête le mental, vous devez faire preuve de vigilance pour ne pas saisir la pensée qui se présentera ensuite. Vous observez la pensée monter du néant comme une bulle, mais vous n'y touchez pas, même si la tentation est grande. Telle est la réponse éveillée à la grâce.

Si vous accueillez la grâce avec une vigilance ouverte et claire qui ne s'empare d'aucune pensée, le silence s'approfondit outre mesure, et le sentiment d'unification en vous s'approfondit. Le mental est alors réabsorbé par l'âme, et l'âme est réabsorbée par sa source. Le silence vous révèle ensuite les profonds royaumes de vide qui étaient voilés par le mental.

Ce qui assure la stabilité de la réalisation, ce sont le silence et la discipline d'esprit. Avec la discipline du yoga suprême du repos, toutes les expériences se trouvant sur votre chemin ne font que passer. Ce qui perdure, c'est un sentiment permanent d'amour. Car qu'est le silence sinon de l'amour ?

CHAPITRE 12

La transmission, un cadeau du maître

Lorsque la grâce monte de l'intérieur, elle vous attire dans ses profondeurs. C'est tout ce qu'il faut aux âmes les plus mûres. Alors, l'éveil est instantané et durable. Ramana Maharshi et le maître zen fondateur Hui-Neng en sont de parfaits exemples.

Hui-Neng était un bûcheron illettré qui vivait en Chine au XVIIe siècle. Un jour, alors qu'il livrait un chargement de bois, il entendit réciter le sutra bouddhiste du diamant et il s'éveilla. Il alla trouver son maître, qui l'envoya à la cuisine pour piler du riz. Après avoir passé bien des années dans la cuisine et bien mûri sa réalisation, il reçut la transmission de son maître. Et il devint le sixième patriarche zen et fondateur de l'École de l'éveil soudain, dans le sud de la Chine.

Pour la plupart d'entre nous cependant, l'appel intérieur ne suffit pas. Nous avons besoin que la grâce se manifeste tant à l'intérieur que sous une forme extérieure. Lorsque la grâce apparaît à l'extérieur, elle prend la forme d'un vrai maître, d'une transmission vivante qui révèle les profondeurs intimes de la vastitude du Soi. En sanscrit, le terme utilisé pour désigner un maître est *guru*. Il existe de nombreuses sortes de gourous, ou maîtres. Mais le maître ultime est le *sat-guru*, la transmission vivante de l'Être immortel. Le *sat-guru* est le sabre qui procède à la coupure finale dans le processus d'éveil.

Le *sat-guru* est le trou noir de la totalité à laquelle vous vous remettez finalement, au bout du long cheminement spirituel. Tous les autres maîtres ont été importants, ils vous ont préparé, mis à l'épreuve, montré la bonne direction. Par contre, chacun d'eux s'assoit près de la route pendant que vous poursuivez votre chemin jusqu'à son aboutissement. Là où la route finit, là où l'univers finit, le *sat-guru* attend et vous accueille à bras ouverts, les yeux pleins de feu. C'est le *sat-guru* qui révèle la vérité ultime, voire qu'il n'y a pas de chemin, pas de cheminement et que personne ne va nulle part. Comme les paroles du *sat-guru* sont imprégnées de la réalisation vivante de la vérité, elles pénètrent directement au cœur de l'âme mûre du chercheur qui est prêt à interrompre sa quête. Tout s'éclaire lorsque l'âme intérieure est allumée et qu'elle brille vivement en réponse à la confirmation du *sat-guru*.

Le *sat-guru* est l'incarnation sous forme humaine du principe divin, l'ultime confirmation que la réalité est réelle et que tout ce que nous qualifions habituellement de « réalité » est une illusion. Après avoir transmis la flamme de l'éveil, le *sat-guru* est là pour continuer à remettre du bois dans le feu afin que rien n'échappe au feu.

Le *sat-guru* est votre propre Moi, qui vous regarde à travers une forme charnelle et qui vous conforte en tant qu'amour silencieux et immortel. Lorsque votre cœur apparaît dans une forme humaine, il transmet l'ouverture vivante qu'est votre propre possibilité. Le maître est votre propre vrai Moi et il vous transmet la possibilité de libération.

◆◆◆

Le rôle du maître

Un maître est très important, car il vous sert de reflet de vous-même pour que vous puissiez voir votre Être clairement, pour que vous puissiez reconnaître la vérité de la situation. Il est la confirmation nécessaire. Il est aussi un garde-fou contre l'inévitable expansion de l'ego qui se produit si vous croyez que c'est vous qui y êtes arrivé tout seul. Nous devons êtes disposés aussi bien à y arriver tout seul qu'à nous en remettre à la grâce qui nous aide. Lorsque nous sommes assis en présence d'une conscience éveillée, une transmission de silence s'effectue. C'est la grâce du maître qui fait naturellement taire le mental, afin que nous puissions voir plus clairement et directement.

Voici ce que Papaji a dit à ce sujet : « Il n'y a qu'un seul maître. Il vit dans votre cœur. Il vous parle en silence. Si vous ne pouvez pas comprendre le langage du silence, c'est parce que vous êtes trop occupé à vous parler et à faire du bruit dans votre tête. Ensuite, le maître dans votre cœur apparaît devant vous sous forme humaine pour vous parler dans votre propre zézaiement. Ce maître vous dit "Oui, vous !" »

◆◆◆

Le piège du consommateur à éviter

Actuellement, il semblerait que tout le monde soit au courant des dommages que les faux maîtres peuvent causer. Nous avons tous entendu parler de maîtres, ou en avons rencontré, qui ont abusé de leur pouvoir en manipulant leurs adeptes émotionnellement, sexuellement ou financièrement. Un jour, quand quelqu'un a demandé à mon maître, Papaji, pour quelle raison il existait tant de faux maîtres, il lui a répondu ceci : « Parce qu'il existe beaucoup de faux chercheurs spirituels et que tout le monde a besoin d'un maître. » Il a aussi dit : « Aussi longtemps qu'il y aura des brebis, il y aura des bergers. Il est impossible de rassembler des lions. Si vous agissez comme un mouton, ne rejetez pas la faute sur le berger ! » Ceux qui atteignent l'éveil sans un maître évitent le piège du consommateur. Par contre, ils peuvent tomber dans un piège encore plus grand, celui de l'idée égotique qu'ils y sont arrivés tout seuls. Ceux qui ne trouvent pas de maître ou qui quittent prématurément un vrai maître retombent souvent dans l'illusion de se prendre pour «quelqu'un de spécial et d'illuminé».

À notre époque de consumérisme, il existe une tendance à se précipiter en ville quand un maître arrive et de s'y précipiter de nouveau quand un autre maître passe. Ce genre de consommation se traduit par un cycle sans fin d'exultations et d'effondrements temporaires, et par des discussions sans fin sur des concepts spirituels. Le repérage de maîtres a son importance pourvu que vous en trouviez un qui vous arrête net. Si vous continuez à faire du repérage après une vraie rencontre, c'est que vous évitez de vous engager dans le véritable travail à faire. Imaginez un peu à quel point n'importe quelle thérapie serait inefficace si vous alliez consulter un thérapeute différent chaque semaine. Il en va de même avec un maître. Si vous n'êtes pas prêt à rester avec un seul maître jusqu'à ce que le processus soit terminé, il vous sera très difficile de vous établir dans votre vraie nature.

Souvent, l'ego échappe à l'emprise de la mort en quittant le maître trop tôt, habituellement accompagné d'une histoire spirituelle ampoulée ou d'une histoire sur les manquements du maître pour justifier le départ.

Si vous êtes pris au piège de la chasse à l'illumination, c'est que vous poursuivez encore une autre illusion. Ici encore, la tendance dans notre culture moderne consiste à goûter un peu de ceci et un peu de cela, un petit planage ici et une autre petite expérience là. Mais la chasse aux maîtres prometteurs ne vous amène que dans un autre film, une autre distraction qui vous éloigne de la réalité. À un moment donné, quand vous aurez fini de chercher de nouvelles expériences, et si vous avez de la chance, vous rencontrez quelque chose de totalement différent. Pas simplement une autre expérience, pas seulement une autre belle vision, pas seulement un autre planage tantrique, pas seulement un autre voyage spirituel, mais quelque chose de si profond que cela vous arrête net. Vous avez fini de faire du lèche-vitrine. Toute votre attention se tourne vers l'intérieur.

◆◆◆

Comment trouver le vrai maître

Si vous êtes fidèle à ce qu'il y a de plus profond en vous, un vrai maître fera son apparition exactement au moment où vous en avez besoin. L'univers prend parfaitement soin des choses. Votre propre Être apparaît pour vous accueillir au bercail. L'Être sait beaucoup mieux que vous ce dont vous avez besoin. Vous pouvez faire confiance à l'amour qui vous interpelle des profondeurs. Vous pouvez vous fier au feu qui consume tout.

Un vrai maître ne suit pas de règles de conduite ni de préceptes moraux. Ces éléments peuvent être utiles à une certaine étape de développement, mais en fin de compte, un vrai maître confère la liberté. La liberté n'est pas conditionnelle et ne peut se mériter. Comme la liberté est dénuée de causalité, toutes les causes disparaissent devant la vérité du silence.

Un vrai maître n'est pas là pour vous enseigner ou vous donner quoi que ce soit, ni pour vous accorder la liberté ou l'illumination. C'est seulement par l'émanation de son Être que tout le reste disparaît et que seul reste l'amour vide et intelligent. Et c'est cela votre vrai Moi, l'Être qui est extase consciente, appelé *sat-chit-ananda,* en sanscrit.

Lorsque vous avez trouvé un vrai maître, ne faites plus un geste, quoi qu'il arrive. La plupart des gens sont terrifiés par ce que peut signifier un véritable engagement. Souvent, ils restent pendant la période de lune de miel, quand tout est extase. Et quand les choses commencent à se corser pour l'ego, quand les choses commencent à s'approfondir, à chauffer ou à être ennuyeuses à mourir, la peur monte. Cet inconfort s'accompagne de la tendance à chercher un nouveau maître avec qui avoir une nouvelle idylle.

L'appel vers le dernier maître est crucial. Si vous appelez le dernier maître et qu'il s'en présente un vrai, vous savez que c'est réel, hors de tout doute. Par la grâce de la transmission, vous faites directement l'expérience de la vérité. Mais il faut qu'une réponse vienne de vous aussi. Sinon, l'expérience n'aura pas d'effet durable. Le maître et philosophe spirituel Gurdjieff disait que le shakti du véritable maître est un choc qui vous envoie temporairement en orbite supérieure, mais que sans une réponse consciente de votre part, l'expérience s'affaiblit et se dissipe. Une fois que l'expérience est conceptualisée et reprise par le mental, elle peut susciter la montée de l'identité latente inconsciente dite « quelqu'un de spécial », autrement dit une expansion de l'ego. Par conséquent, sans une réponse de votre part, l'expansion ou la contraction se perpétue, et l'essence est perdue.

Si c'est la réalité que vous voulez par-dessus tout, alors vous serez disposé et prêt à répondre à l'appel. Répondre veut dire se vouer totalement à la vérité et à l'amour. Cela ne veut pas dire suivre n'importe qui sans réfléchir. Cela veut dire rester fidèle au silence et à l'amour dans le sens le plus profond qui soit. Le véritable maître est un vaisseau vide plein de l'Être qui permet à tout d'être révélé. Mais le maître ne le fera pas pour vous. C'est à vous que la responsabilité revient ultimement. Sinon, il y aurait de nouveau un berger et un mouton.

Bien des gens ont fait l'expérience de la transmission de Ramana Maharshi. Des milliers de gens sont venus de loin pour le voir, mais peu d'entre eux ont atteint l'éveil. Ceux qui l'ont fait étaient ceux qui étaient mûrs et qui ont répondu avec amour et intelligence. Non seulement ils ont senti la grâce de la transmission qui les a plongés dans l'extase, mais ils ont également répondu avec sagesse en se consacrant à la vérité pour voir à travers l'illusion.

Mon maître, Papaji, dirait que l'oiseau de la liberté vole avec deux ailes : celle de la recherche et celle de la dévotion. C'était sa façon à lui de nommer les deux facettes de l'amour intelligent.

◆◆◆

Les épreuves de l'engagement

Votre acquiescement à la grâce sera soumis à des épreuves. Ce que vous avez dit être disposé à donner pour la liberté viendra vous « hanter » et voudra vous ramener dans le passé. Quand vous atteignez l'éveil, vous affrontez probablement la peur de la mort, comme je l'ai décrit au chapitre 10. C'est également un cadeau du maître. Vous vous retrouvez face à la terrible peur de l'annihilation, qui est la porte d'entrée vers l'éveil. Et quand vous passez la porte, comme Ramana Maharshi, vous découvrez ce qui ne meurt pas. Lorsque vous offrez votre vie par le renoncement, vous réalisez la vie immortelle et intelligente de votre véritable nature.

◆◆◆

Le renoncement

Ce que l'on qualifie souvent de « renoncement » n'est pas un véritable renoncement, mais une reddition. C'est un mouvement d'abandon qui s'accompagne d'un sentiment de « Je n'y arrive plus, alors je vais vous laisser le faire à ma place. » Ceci est différent du vrai renoncement. La reddition a à voir avec le contrôle, à céder « votre » contrôle à une autre personne qui vous dira quoi faire.

Quand les gens me disent qu'ils ont capitulé devant un faux maître, je découvre en général que cela veut dire qu'ils ont renoncé à leur responsabilité en donnant leur pouvoir au maître. Maintenant, c'est « l'autre » qui a le pouvoir. C'est un peu comme s'ils cherchaient un meilleur parent, qui leur dira enfin quoi faire et comment le faire, qui les protègera et les confortera en leur disant qu'ils sont de bons petits enfants, et qui leur dira que ce qu'ils ont fait est bien. Ainsi, ils peuvent devenir les chouchous du maître.

Un véritable maître ne s'intéressera pas à votre vie privée. Si vous êtes à la recherche de quelqu'un qui vous dira de vous marier ou de divorcer, de faire l'amour ou de pratiquer l'abstinence, de travailler ici ou là, de faire ceci ou cela, c'est que vous cherchez une personne d'autorité pour vous guider à mener une belle vie personnelle. Mais votre vie personnelle n'intéresse pas le maître. Vos actes et vos comportements sont des sous-produits de la réalisation ou de l'ignorance. Le maître est seulement intéressé à votre affranchissement de la fausse identité qui prend tout personnellement.

Le véritable renoncement devant un vrai maître est rare parce que c'est la plus évoluée des relations. Le vrai maître voit que vous êtes déjà ce que vous cherchez. Il voit qu'il n'existe aucune différence fondamentale entre vous et lui. Le vrai maître ne veut que votre éveil, afin que vous voyiez la même réalité qu'il voit.

Le véritable maître est le parent parfait, mais ceci n'est qu'un sous-produit. Si vous cherchez un parent parfait, c'est que vous cherchez un berger. Ainsi que les paroles de Papaji le laissent entendre, vous vous retrouverez dans un troupeau à vous demander pourquoi le berger vous a trahi. Seulement les moutons se retrouvent avec des bergers. Le berger adopte en général une position qui indique qu'il est différent et au-dessus des moutons. Le berger se considère comme divin et fait savoir aux moutons qu'ils ont de la chance de l'avoir près d'eux. Le berger ne confère pas la liberté, mais plutôt un sentiment de sécurité et d'appartenance.

Un véritable maître sait qu'enseigner est seulement un rôle à jouer et qu'il n'existe pas de différence fondamentale entre celui qui joue au chercheur spirituel et celui qui joue au maître. Un véritable maître est tout à fait content de mettre de côté le rôle et de jouer à autre chose quand le moment l'exige.

◆◆◆

Tomber amoureux du maître

Les gens me demandent parfois s'il est mal avisé de s'attacher au véritable maître, puisqu'après tout, il est mal avisé de s'attacher à quoi que ce soit. N'est-il pas étrange, si vous pensez à tous les attachements de votre vie — les gens que vous n'êtes pas disposé à affronter ou à quitter — que la personne dont vous avez le plus peur, celle que vous êtes le plus enclin à laisser tomber, soit justement celle qui peut vous libérer ?

Je suis tombé amoureux de mon maître. Et grâce à cet amour, ma disponibilité s'est approfondie. Par tomber amoureux, je ne parle pas d'amour romantique, même si la sensation d'excitation de cette énergie était présente. Il ne s'agissait pas d'un désir ni d'une envie pour combler l'absence de quelque chose, comme c'est souvent le cas dans l'amour romantique, qui a besoin d'expression, de réciprocité et de consommation. Quand je suis tombé dans l'amour qu'est mon maître, rien n'a eu besoin d'être différent de ce que c'était. La perfection du moment a été si renversante que rien d'autre ne pouvait être ajouté.

Le véritable amour est quelque chose qui ne fluctue pas. Un tel amour est notre nature même. Cependant, les attachements fluctuent, car ils entretiennent les idées névrotiques que nous avons sur nous-mêmes. Si vous avez besoin d'être attaché à quelque chose, soyez attaché au véritable amour. Par cela, je ne veux pas dire l'amour pour un objet. Le plus souvent, lorsque nous parlons d'amour, nous parlons d'amour pour les objets. Nous aimons ces objets parce qu'ils suscitent en nous des sentiments particuliers. Ce que nous appelons habituellement de l'amour est très communément de l'égoïsme :

«Je t'aimerai aussi longtemps que tu me feras sentir bien. Si tu ne me fais pas sentir bien, je ne t'aimerai plus.» Bien entendu, les gens sont rarement assez honnêtes pour nommer si ouvertement cette dynamique. À la place, ils fabriquent des histoires élaborées de manipulation et de trahison.

Le dernier attachement dont il faut se débarrasser, c'est bien l'amour pour le véritable maître. C'est l'attachement pour le véritable bien-aimé. Aussi longtemps que mon corps durera, l'amour pour mon maître perdurera. Étant donné qu'il s'agit d'une véritable histoire d'amour, si vous ne quittez jamais le maître, le maître ne vous quittera jamais. Il y a entre le maître et vous une rencontre dans le silence, qui est la fusion de deux âmes. C'est l'amour qui rencontre sans cesse l'amour.

À la fin, qui reste, vous ou le maître? Si vous abandonnez le maître, c'est vous qui restez. Il vaut donc mieux perdre l'attachement à votre identité à la place. Si vous renoncez à toutes les idées sur vous, seul le véritable maître reste. Ensuite, vous et le maître ne faites qu'un. C'est cela, l'extase.

CHAPITRE 13

Qui êtes-vous réellement ?

La plus importante question que nous puissions poser est « Qui suis-je ? ». Si vous vous posez cette question à un niveau très profond et que vous la posiez sans cesse, en outrepassant les réponses superficielles comme votre nom, votre profession, votre état civil et toute autre forme d'identification à l'ego, vous arriverez dans les profondeurs de l'inconnu. Et c'est là que vous vous trouverez.

Le grand piège, c'est d'arrêter la quête en avançant qu'il n'y a pas de Moi. Certaines personnes ont tendance à dire qu'il n'y a personne en eux pour répondre à la question « Qui suis-je ? ». Quelle bonne blague ! Celui qui dit qu'il n'y a personne en lui est aussi celui qui cherche en lui la vraie réponse qui se trouve au-delà du mental ! Il ne peut exister de vie sans conscience, d'intelligence sans conscience. Et personne ne peut poser cette question sans conscience. Vous êtes conscience. Si la conscience s'imagine être « un quelqu'un pensant » qui s'imagine qu'il n'y a personne pour poser la question, ce quelqu'un pensant peut également changer d'avis et essayer de trouver qui il est.

Existe-t-il réellement un « quelqu'un pensant » qui change d'avis ? Non. Alors, prétendre qu'il n'existe personne qui pose la question sous-entend que vous n'avez pas saisi l'essentiel. Si vous posez la question « Qui est là ? », c'est vous qui posez la question.

Dans ce chapitre, je vous fais part d'un dialogue entre Ellen, une jeune femme en quête de vérité étant venue assister à une de mes réunions, et moi, sous l'apparence du maître. Ce dialogue saisit le moment d'ouverture à la reconnaissance du véritable Moi. Qui vous êtes réellement est ici, maintenant.

◆◆◆

Identification

ELLEN. — Vous employez généralement le terme « identification ». Je ne suis pas certaine de ce que vous voulez dire par ça. Pouvez-vous clarifier ?

ELI. – Comment vous appelez-vous ?

ELLEN. – Ellen.

ELI. – Et voilà, nous y sommes ! C'est ce que je veux dire. (*Ellen commence à rire, et un énorme éclat de rire retentit dans la salle et se poursuit pendant plusieurs minutes* à mesure que les gens *comprennent. Le rire arrive par vagues, disparaît puis reprend.*)

ELLEN. – OK, je comprends.

ELI. – Oui. Maintenant, « Ellen » a disparu pendant un instant. Que reste-t-il ? En cet instant, il n'y a ni passé, ni futur, rien à voir, rien à penser, aucune voix dans votre tête, aucune « Ellen ». Que reste-t-il ?

ELLEN. – Juste de la tranquillité et du soulagement.

ELI. – Oui, juste de la tranquillité et du soulagement.

ELLEN. – C'est un gros fardeau que de transporter « Ellen » partout.

ELI. – Exact. « Ellen » est une blessure auto-infligée. (*Ellen éclate de rire une autre fois.*)

ELLEN. – Ouah ! Vous avez raison ! (*Les rires augmentent à mesure que tous les gens comprennent.*)

ELI. – Oui. Quel soulagement, guérison instantanée ! Et avec cette guérison, le besoin n'existe soudain plus chez l'autre de panser la blessure et d'en prendre soin. Elle n'a plus besoin d'exsuder.

ELLEN. (*Elle continue de rire.*) – Je passe probablement 99 % de mon temps à soigner, soutenir et panser.

ELI. – Oui, c'est ça, vous avez maintenant du temps libre ! Une vraie bonne nouvelle ! Alors, il n'y a plus d'« Ellen ». La blessure est guérie. La vie est parfaite telle qu'elle est. Vous êtes heureuse, comblée. Ensuite, votre vie devient une vie de paix, d'amour et de tranquillité.

ELLEN. — Alors, le piège, c'est l'identification ?

ELI. — C'est exact. S'il n'y a pas croyance en « Ellen », personne ne souffre.

ELLEN. — Est-ce ce que vous voulez dire par « le prendre personnellement » ?

ELI. — C'est exact. Celle qui le prend personnellement, c'est « Ellen ». « Ellen » prend tout personnellement.

ELLEN. (*Elle rit.*) — Vous semblez bien la connaître.

ELI. — Oui, le soulagement se répand immédiatement à tous ceux qui sont autour de vous.

ELLEN. — Cette identification semble être une affliction commune à tous.

ELI. — C'est exact. Il s'agit d'un état second de groupe, et les personnes mêmes qui se disent vos meilleurs amis sont ceux qui vous ramènent à votre état second afin de pouvoir rester dans le leur. Vos meilleurs amis écoutent l'histoire d'« Ellen » et la croient.

ELLEN. — Ah oui, oui.

ELI. — C'est une très grande et bonne nouvelle. Vous avez eu un aperçu de la possibilité d'une vie entièrement faite de paix, de tranquillité, d'amour, d'accomplissement et de bonheur. Que dirait votre mère si vous l'appeliez et que vous lui disiez « Je t'appelle pour te dire que je suis heureuse et en paix » ? « Je t'aime, et tout est pardonné », lui dites-vous. « Il n'y a plus de problèmes. Ma vie est comblée. » Oh, quel message ! Qui croirait ça ? Cet amour spacieux, vaste, inconnu, vif et intelligent est la vérité de qui vous êtes. C'est ce dont vous avez tellement peur.

ELLEN. — Eh bien, ce n'est pas si effrayant que ça à la façon dont vous en parlez.

ELI. — C'est juste. C'est juste effrayant pour « Ellen » et pour ses idées et ses croyances.

ELLEN. – Alors, c'est l'ego qui est terrifié d'être découvert et réduit en pièces.

ELI. – Exact. Parce qu'il sait qu'il n'est pas réel.

ELLEN. – Alors, c'est quoi sa raison d'être ?

ELI. (*Elle rit.*) – Il sert à vous réveiller et à voir qui vous êtes.

ELLEN. – Mais on dirait plutôt qu'on se réveille pour voir qui on n'est pas.

ELI. – C'est exact. C'est exactement comme ça que ça marche. Vous voyez qui vous n'êtes pas pour pouvoir vous réveiller et sortir de cet état.

ELLEN. – À un certain niveau, j'ai toujours su que ce n'est pas qui je suis, j'ai toujours su que c'était une mascarade.

ELI. – Vous l'avez toujours su. Comme tout le monde. Tout le monde le sait, sur vous et sur eux, mais tout le monde est disposé à mentir à ce sujet si vous êtes disposé à mentir aussi. Comme ça vous pouvez faire partie de groupes d'estime personnelle pour apprendre à vraiment vous sentir bien au sujet d'« Ellen ». Quand vous démystifiez cette identification, vous trouvez le chemin pour sortir de la prison. Mais la plupart des prisonniers sont terrifiés à l'idée de sortir de prison. Beaucoup y reviennent parce que l'inconnu les terrorise. En prison, ils ont une routine et, même s'ils ne l'apprécient pas, elle est connue.

ELLEN. – Le milieu ambiant est connu, le territoire est connu. Vous ne fonctionnez peut-être pas bien, mais…

ELI. – C'est ça. C'est peut-être l'enfer, mais…

ELLEN. – … c'est mon enfer. (*Elle rit.*)

ELI. – Et une fois que vous êtes sortie de prison, une fois que vous avez tourné le dos à « Ellen », vous voyez enfin, ainsi que vous l'avez toujours su, que rien de tout cela n'a jamais vraiment existé. Il n'y a pas de prison. Il n'y a pas d'ego. Et il n'y a pas d'« Ellen ». Tout ça, c'est juste un mauvais rêve dans lequel vous viviez.

ELLEN. — Mais si j'arrête de transporter « Ellen » partout avec moi, toutes ces vieilles habitudes et tous ces vieux pièges vont se représenter et essayer de me piéger pour me ramener à être « Ellen ».

ELI. — C'est exact. C'est ce que l'on appelle les « épreuves de Bouddha ». Connaissez-vous l'histoire de Bouddha ?

» Le bouddha était un prince qui avait tout ce qui peut exister dans le monde : des parents qui l'aimaient, des femmes qui l'aimaient, des filles qui dansaient pour lui. Il avait tous les luxes que le monde pouvait lui procurer. Mais il n'était pas satisfait. Il fallait qu'il laisse tout cela derrière lui. Il fallait qu'il quitte son palais, ses femmes, ses bébés, sa vie entière, pour aller trouver le véritable sens de la vie.

» Il a passé des années à tout essayer jusqu'au jour où il s'est dit : « C'est bon, j'ai tout essayé, et rien de tout cela n'a vraiment fonctionné. Je vais simplement m'asseoir sous cet arbre jusqu'à ce que je devienne vérité. »

» Et il est resté assis sous l'arbre pendant des jours et des jours.

» Un jour, il s'est éveillé. Il a constaté que tout cela n'existait pas réellement, que tout cela n'était qu'un rêve. Il s'est réalisé en tant que conscience immortelle, pur vide. Il a réalisé ce qu'il avait toujours été et serait toujours. Il a réalisé qu'il n'existait rien d'autre que cela. Tout le reste n'était qu'apparence afin d'en arriver à cette réalisation.

» Puis, les armées de démons ont attaqué Bouddha. C'est du moins la façon dont on décrivait ces épreuves à cette époque plus primitive. À notre époque plus moderne, nous dirions que l'ombre a surgi de l'inconscient latent. Les démons l'ont confronté et lui ont dit : « Tu te prends pour qui ? Qui a dit que tu pouvais rester assis sous cet arbre ? Ce n'est pas ton arbre. Qu'est-ce que tu fais là ? Va-t'en ! »

» Les démons, c'étaient la terreur et toutes les autres tendances latentes. Mais Bouddha n'a pas bronché. Et quand les démons ont lancé leurs lances, celles-ci sont simplement passées à travers lui parce qu'il n'y avait plus personne pour les retenir.

» Ensuite, les danseuses sont venues et lui ont dit : « Oh, tu es assis depuis si longtemps. Dieu ne veut pas que tu souffres. Viens, laisse-nous te masser. Nous allons prendre soin de toi. »

» Et quand l'identification latente appelée « Ellen », quand vos propres épreuves (vos masseurs personnels) surgissent, « vous » voudrez immédiatement dire « Oui, j'attends depuis longtemps d'être aimée, qu'on prenne soin de moi. » Mais si vous ne bronchez pas, si vous restez assise sous l'arbre, ces épreuves disparaissent, et vous réalisez que vous êtes déjà complètement comblée. Vous n'avez besoin de rien de personne. Vous êtes l'amour lui-même. Alors, votre cœur d'amour déborde, et vous le transmettez.

» Comme Bouddha, vous savez que personne ne dort réellement et que, en fait, cette existence matérielle n'existe pas vraiment. C'est seulement un rêve, seulement un espace vide, qui vibre, qui clignote. Grâce à votre cœur de compassion, vous transmettez le vide, le silence et l'amour à ceux qui sont intéressés. Et si les gens ne sont pas intéressés, vous ne les embêtez pas. Vous ne prêchez pas.

» Soyez simplement vous-même. « Ellen » continuera d'apparaître sous une forme, mais dorénavant, elle est tenue informée par la vérité de votre Être. Ensuite, quel que soit le karma, quelle que soit la nature de votre vie – que vous soyez une mère, une amante, une femme ou quoi que ce soit d'autre – cela n'a pas d'importance. Le rôle se joue tout seul. Il est vide et rempli d'amour parce qu'il n'y a personne pour le prendre personnellement.

» Ces épreuves se présentent pour vous montrer là où vous vous identifiez encore à « Ellen ». Elles vous sont utiles. Il est utile que la peur revienne. Il est utile que l'attachement revienne pour vous montrer là où il y a encore un attachement latent. Lorsque vous ressentez la souffrance insupportable qui l'accompagne, cette souffrance se consume.

» Si vous ne vous y complaisez pas et que vous ne réprimez pas la souffrance, et si vous ne mentez pas à son sujet – si vous vous contentez de la sentir pleinement –, elle se consumera. Ensuite, une extase plus profonde apparaîtra. Soudain, le fond s'ouvre sur le vide, et vous sombrez dans un océan d'amour. Il était là depuis longtemps. Qui vous êtes est illimité.

ELLEN. – Alors, en ne résistant pas je peux traverser toutes les épreuves de Bouddha ?

ELI. – Oui. Ne pas résister veut dire ne pas broncher du tout. Parce que s'il y a encore une certaine croyance que vous devez faire quelque chose, vous irez quelque part. Mais qui vous êtes vraiment est le vide immuable et silencieux. Pas de résistance veut dire pas de barrière, pas de dissociation entre vous et l'expérience totale de la vie.

ELLEN. – Alors, c'est « Ellen » qui ressent la terreur.

ELI. – « Ellen » est la terreur. Aussi longtemps qu'il y a un peu de terreur, il y a un peu d'« Ellen ». La conscience fait l'expérience de tout. La conscience est présente quand il y a une « Ellen », et la conscience est aussi présente quand il n'y a pas d'« Ellen ». Vous êtes le champ de conscience dans lequel tout vient et tout va.

ELLEN. – Après notre séance d'hier, je me suis réveillée dans la nuit. J'étais terrifiée. Je ne savais plus si j'avais un corps ni où mes jambes se trouvaient avant que je les touche. Ensuite, des images de mon enfance sont apparues soudainement.

ELI. – Vous vous êtes réveillée dans un moment de clarté. Vous ne saviez pas si vous aviez un corps. C'est une bonne nouvelle si vous vous en tenez à ça. Mais ensuite, vous avez eu peur et vous avez rassemblé vos morceaux. Vous avez touché votre corps pour vous rassurer au sujet de votre identité, pour revenir dormir dans un film que vous appelez « réalité ». Le film est fondé sur votre enfance et sur votre besoin d'en parler. Vous êtes certaine dans cette croyance que c'est bien vous.

» Vous avez été touchée par la grâce. Vous avez eu un moment où vous ne saviez plus qui vous étiez. Tout après cela n'était qu'une réidentification au rêve. Revenez au non-savoir. Il est toujours là. Vous avez eu beaucoup de chance la nuit passée. Quel moment de grâce ! Restez fidèle à cela. Ne vous vendez pas. Ne recollez pas vos morceaux. Restez libre de toute idée ou sensation. Restez silencieuse, et tout vous sera révélé.

ELLEN. – Si je mets cette « Ellen » de côté et que je cesse de la transporter en tant que champ de conscience, est-ce que je ressentirais encore de la peur et de la terreur ?

ELI. – Bien sûr. Toutes ces choses surviennent encore. Lorsque vous reconnaissez absolument les tendances latentes de l'esprit pour ce qu'elles sont, elles se consument et finissent par ne plus apparaître parce que vous finirez par les épuiser. N'en alimentez pas de nouvelles et ne vous complaisez pas dans les anciennes. Lorsque les anciennes tendances surviennent, elles se consument et, ce faisant, ajoutent du combustible au feu de la liberté. Si la peur survient, accueillez-la parce qu'elle vous montre un endroit où vous êtes encore identifiée à « Ellen ». Si vous laissez la peur se consumer, vous approfondissez la paix et le bonheur.

» L'idée de l'ego est de fuir la souffrance et d'aller vers le plaisir. Mais en fait, c'est ce qui conduit à la souffrance, à ce qui va et vient. Lorsque vous êtes disposée à arrêter de vous complaire dans l'état second « Ellen », vous découvrez que la souffrance conduit en fait à une extase et à un plaisir très profonds. Mais vous ne pouvez pas éviter la peur, vous ne pouvez pas la chasser. Vous n'en avez pas besoin. Et vous n'avez pas besoin d'en avoir besoin. Alors, il n'y a rien de mal à la peur. C'est seulement une porte qui ouvre sur quelque chose. Un cadeau. Si la peur ne survient jamais, pas de problème. Si la peur survient toujours, pas de problème. Alors, il n'y a rien à quoi s'accrocher et rien à repousser, rien à chasser et rien à quoi résister.

ELLEN. – Merci beaucoup. Tout cela est très clair, tout est beau et simple.

ELI. – Mais de rien du tout. Oui, c'est très clair.

CHAPITRE 14

Le rugissement de l'éveil

Le rugissement de l'éveil est un rire. Vous riez si fort que vous en tombez à la renverse et que vous ne pouvez plus respirer. Vous riez de toute la folie, de tous les faux-semblants, de toutes les identités erronées. Vous riez et vous pleurez en même temps, aussi bien avec raison que sans raison. Vous riez de Dieu, vous riez du monde et, surtout, vous riez de vous-même.

L'éveil, c'est réaliser votre véritable nature en tant qu'Être immortel

Cet éveil se produit soudainement, après des vies de maturation graduelle, comme un fruit arrivé à maturité qui, après avoir d'abord été un fruit dur, vert et amer, tombe quand le moment est venu. La réalisation de soi est un saut quantique dans l'évolution de notre espèce. Elle est l'accomplissement du processus d'individuation et l'ultime aboutissement des étapes de l'ego, ainsi que le retour au bercail vers la source unique de tout. Ce retour n'est pas un retour en arrière. Ce n'est pas un retour vers le sommeil ni vers l'ignorance de l'animal. C'est plutôt un retour de conscience individuée éveillée vers la conscience universelle.

Véritable liberté veut dire réalisation de qui vous êtes déjà. Ce n'est pas qui vous serez dans le futur, pas ce sur quoi vous devez encore travailler, pas quelque chose que vous devez réparer ou transformer, et pas quelque chose que vous devez créer. La réalisation directe de qui vous êtes déjà et avez toujours été, c'est la libération de l'esclavage à l'identification erronée.

Mon maître, Papaji, était l'incarnation vivante du rappel à l'ordre. Sa fonction ne consistait pas à vous préparer à un éveil futur. Il prenait plutôt pour acquis que si vous étiez arrivé jusqu'à lui, vous étiez déjà préparé, mûr et prêt. Il accueillait tous ceux qui trouvaient leur chemin jusqu'à sa porte et il leur transmettait l'enseignement final. Il disait que le fait de simplement avoir une incarnation humaine suffisait pour directement réaliser la vérité de la réalité.

Et c'est la vérité. Vous n'avez pas besoin d'être bien né pour ça. Vous n'avez pas besoin d'être un saint ou un avatar.

La réalisation de soi est naturelle et elle arrive à l'apogée de la longue aliénation de l'ego.

Si vous êtes prêt à être totalement et véritablement vous, la vie se déroulera de façon mystérieuse. Ce ne sera pas une vie normale, mais une vie naturelle. Dans la vie normale, toutes nos pensées sont dirigées vers les «Je veux ceci, je ne veux pas cela». L'ego essaie toujours d'obtenir ou de repousser quelque chose. C'est un mécanisme de défense contre le monde extérieur et aussi contre les profondeurs du monde intérieur. L'ego gère une toute petite bulle qui se trouve entre l'intérieur et l'extérieur, et c'est la peur qui garde les frontières.

◆◆◆

Le rugissement du lion

L'histoire préférée de Papaji, que sa mère lui avait racontée quand il était un petit garçon, nous fournit une belle métaphore de ce qu'est une «vie normale» (une version de cette histoire a été originellement publiée dans *Le réveil du lion* de H. W. L. Poonja, aux éditions du Relié, en 1998). Papaji a raconté cette histoire à de nombreuses reprises à ceux qui arrivaient dans son salon en provenance du monde entier. Chaque fois qu'il la racontait, elle était aussi fraîche que la première fois et portait une saveur particulière correspondant à l'enseignement voulu pour l'esprit du chercheur spirituel particulier.

Voici cette histoire :

En Inde, les lavandiers sont appelés *dobhis*. Un jour, comme d'habitude, un *dobhi* empila tout le linge sur le dos de ses ânes, qu'il poussa vers la rivière pour entreprendre son travail. En chemin, il vit un chasseur tuer une lionne. Le chasseur dépeça la lionne et partit. Le *dobhi* découvrit que la lionne avait juste mis bas. Il sauva le lionceau et l'éleva.

Quand le lionceau fut assez grand, il lui permit de batifoler et de jouer avec ses ânes. Avec le temps, il finit par charger le linge à laver sur le dos du jeune lion et à l'emmener vers la rivière avec ses ânes. Rapidement, le lion se mit à transporter le linge à laver sur son dos et à être traité comme un des ânes.

Un jour, un lion affamé surgit de la jungle et vit le troupeau d'ânes qui broutaient près de la rivière. Les ânes font un bon repas pour les lions. Mais parmi les ânes, il y avait un jeune lion, qui mangeait de l'herbe. Le lion n'en crut pas ses yeux.

Le lion bondit hors de la jungle et vint confronter le jeune lion pour lui demander quel était son problème. Effrayé, le jeune lion et tous les ânes s'enfuirent pour se cacher dans les buissons.

Finalement, le grand lion attrapa le jeune lion, qui hurla de terreur :

– S'il vous plaît, M. Lion, ne me dévorez pas ! Laissez-moi retourner vers mes frères, les ânes.

Alors, le grand lion lui dit :

– Que racontes-tu ? Tu es un lion !

– Oh, non, monsieur, je suis un âne. Je vous en prie, laissez-moi partir !

Sur ce, le grand lion saisit le jeune lion par le cou et le traîna jusqu'à la rivière.

– Regarde dans l'eau. Tu vois nos deux visages ?

– Oui, répondit le jeune lion, ils sont pareils.

– Maintenant, ouvre la gueule et rugit !

Alors, le jeune lion ouvrit la gueule et rugit.

Il émanait de mon maître le pouvoir spirituel du silence quand il racontait cette histoire. Il était le vieux lion de Lucknow, en Inde, un vieux *punjabi* de 80 ans aux yeux de braise, dont l'éclat provenait des profondeurs mêmes du vaste vide situé au-delà du temps et de l'espace. À la fin de l'histoire, il nous regardait les uns après les autres et nous demandait : « Combien de fois a-t-il fallu au prétendu âne pour devenir un lion ? »

Il est très simple de réaliser notre véritable identité. Il n'est pas question de s'y exercer. Il n'y a rien à transformer. Vous ne deviendrez pas un lion, un jour. Il vous suffit de vouloir renoncer à votre habitude d'être un âne.

L'éveil, c'est simplement voir la vie telle qu'elle est. Ce n'est pas quelque chose que vous pouvez créer. Lorsque vous cessez de créer et de manifester pendant au moins un instant, il reste ce qui était déjà là avant la création.

Nous entendons sans cesse cet enseignement : la liberté, c'est se libérer de la fausse identification, se libérer de l'identification à un âne. Qu'est-ce qui maintient la conscience immortelle dans le piège de la croyance en l'âne ?

Dans l'histoire de l'humanité, le renoncement à l'identification à l'âne a été rare parce que la vie a été relativement confortable parmi les ânes. C'est la vie que les parents ont apprise à leurs enfants depuis d'innombrables générations. Mais il s'agit d'un état second, de somnambulisme. Il s'agit de l'attachement névrotique et inconscient à la vie en tant qu'animal.

Nous avons peur que, si nous sortons du rêve de la vie d'âne, nous ne puissions pas survivre. Comment vais-je me nourrir ? Que vais-je faire ? Voici quelles sont les pensées qui se bousculent dans le mental de l'âne, qui panique à l'idée de quitter son rôle d'âne. Après tout, un âne n'a pas la moindre idée de ce qu'un lion fait. Il ne peut pas imaginer ne pas être dans le troupeau avec tous les autres ânes.

Et c'est le piège. Nous nous identifions sans le savoir à un animal, sans remarquer que ce sont les pulsions animales qui mènent inconsciemment le bal. Derrière les pensées conscientes du quotidien, une histoire inconsciente raisonne nos motivations et nos actes, nous montrant la raison pour laquelle nous avons raison de continuer à poser les gestes d'âne que nous posons.

Finalement, pourtant, vous atteignez un point où vous n'en pouvez plus, un point où vous réalisez que ce que vous pensiez vouloir ne vous apporte jamais le vrai bonheur. Vous pouvez avoir plus d'argent, plus de pouvoir, plus d'enfants, un statut plus important, plus de partenaires sexuels et plus de notoriété, mais rien de tout cela ne fera de différence si vous continuez à les vivre en tant qu'âne.

Aussi longtemps que vous vous identifierez à un âne, vous ne serez pas heureux. Étant donné que vous êtes déjà conscience, vous savez déjà dans les profondeurs de votre Être que vous n'êtes pas un âne. Mais parce que vous êtes encore inconsciemment identifié à un âne, vous continuez à agir comme un âne. Et cela vous rend fou.

La pratique de la méditation ne conduit pas nécessairement à la libération. Le plus souvent, elle vous permet de devenir des ânes qui méditent ! La maturité spirituelle, l'accomplissement total d'un être humain, se produit quand vous constatez avec horreur que vous menez une vie d'âne et que vous reconnaissez que vous n'avez pas réussi à mettre fin à cette identification.

◆◆◆

Il faut ce qu'il faut

Pour réaliser qui vous êtes, la seule exigence est la volonté. Vous devez vous dire ceci : «Quels que soient les moyens à prendre, je suis prêt. J'en ai tellement assez d'être un âne que je veux savoir qui je suis vraiment!» Lorsque la volonté s'approche de 100 %, vous réalisez la vérité. Si votre volonté est partielle, vous n'avez qu'un aperçu partiel de la vérité. Vous avez quelques expériences spirituelles, qui vous laissent seulement sur votre faim.

À un moment donné, avec la maturité, vous réalisez que toutes les expériences spirituelles vont et viennent. Si vous essayez de saisir la vérité, si vous essayez de vous y accrocher, vous serez déçu. Pourquoi? Parce que les expériences spirituelles ne durent jamais. Il vous reste seulement le fardeau du concept spirituel, qui est utilisé pour défendre l'histoire que vous racontez afin d'expliquer la raison pour laquelle votre vie est comme elle est. L'expérience de la réalisation devient alors un fardeau, qui dissimule encore davantage votre véritable Être.

Vous ne pouvez pas forcer l'éveil. L'ego identifié à l'âne peut seulement forcer les choses dans le domaine de l'ânerie. Rappelez-vous que ce n'est pas l'âne qui s'éveille et qui réalise qu'il est un lion. C'est le lion qui s'éveille et qui réalise qu'il n'a jamais été un âne, mais toujours un lion.

Laissez-moi vous poser encore cette question : Êtes-vous disposé à renoncer à votre dépendance névrotique? À votre incessante préoccupation au sujet de votre «moi» et de votre «mon histoire»? À votre dépendance névrotique et narcissique à votre «et moi alors?» Si vous l'êtes, c'est que vous êtes mûr et prêt. La seule chose à faire, c'est être disposé à renoncer à l'esclavage. Cela veut dire renoncer à tout ce que vous savez.

Tout ce que vous savez appartient au monde de l'ânerie. Qui vous êtes dépasse le savoir. Pour affronter l'inconnu, il vous est demandé de renoncer à votre attachement au connu. Il vous est demandé de voir tous les rôles d'âne de votre vie : les rôles d'enfant, de père, de mère, de conjoint, d'employeur, d'employé, de personne mâle ou de personne femelle, autant d'attachements mortels qui dissimulent votre conscience immortelle.

Je suis ici pour vous apprendre que vous n'êtes pas limité. La possibilité de libération est à votre portée. Nos visages sont les mêmes. Mêmes visages, mêmes rugissements!

Pour découvrir votre véritable Être, point besoin de rituels magiques ou d'initiations formelles. L'initiation à votre véritable Être s'effectue tout naturellement. Lorsque vous laissez tomber votre identité d'âne, des couches profondes de l'Être se révèlent dans le silence. Une fois que vous avez dit : «OK, c'est le moment! Le moment est venu de découvrir la vérité!», tous les attachements se pointent. Ce sont vos épreuves. Ces attachements sont les épreuves de votre bonne volonté.

Quelles que soient vos épreuves, comme celles de Bouddha, elles sont faites sur mesure pour vous parce qu'elles émanent de votre propre mental. Elles menacent ce que vous avez le plus peur de perdre. Lorsque vous perdez ce que vous avez le plus peur de perdre, vous découvrez ce qui ne peut pas être perdu. La seule chose que vous pouvez réellement perdre, c'est votre fausse identification. La vérité ne se perd jamais, pas plus que le véritable amour.

La première étape pour dépasser le stade de l'ânerie consiste à être totalement honnête avec vous quant à ce que vous voulez vraiment. C'est essentiel. Rien n'est possible à moins que vous ne sachiez ce que vous voulez vraiment. Quels qu'ils soient, tous les désirs conditionnés et non remis en cause appartiennent à la vie d'âne — désir de plus de nourriture, de plus d'argent, de sexualité plus satisfaisante, de meilleur travail, de meilleurs parents, de meilleurs enfants. Tous ces désirs et ces attachements existent dans le royaume de l'ânerie. À un moment donné, vous voyez enfin que peu importe le nombre de désirs assouvis, aucun d'eux ne conduit finalement au véritable accomplissement et à la véritable liberté.

Une fois que vous comprenez ceci au plus profond de vous, vous êtes prêt à vous demander ce que vous voulez vraiment. Et c'est le début. Lorsque vous découvrez que ce que vous voulez vraiment est plus grand et plus important que votre vie personnelle, vous renoncez à ce que vous désirez. Ce renoncement s'empare de vous. Il est le début d'une histoire d'amour avec ce quelque chose d'inconnu, ce quelque chose qui est plus profond que le mental, plus profond que les pensées, plus profond que les émotions, plus profond que le corps.

◆◆◆

La grâce et la peur

La grâce apparaît dans votre histoire pour vous inciter à aller encore plus en profondeur. Quand vous vous abandonnez à la grâce, une grande peur survient souvent. C'est la première épreuve. Tenter de revenir vers les hauts-fonds du mental voudrait dire revenir à votre vie d'âne. Soit vous fuyez la peur en suivant une pensée, soit vous sombrez dans l'inconnu. Si vous êtes disposé à sombrer dans l'inconnu, vous pouvez découvrir la vérité sans cesse plus profonde de votre Être.

◆◆◆

Le silence

La liberté se découvre dans le silence. À mesure que le mental se calme toujours plus, il renonce à ses attachements. Quand vous découvrez la paix dans les profondeurs de la quiétude, la peur qui limitait alors l'exploration du mental perd naturellement son emprise. Le mental renonce à son emprise sur le passé et le futur. Lorsque, tout simplement, vous vous arrêtez, dans cet instant, il n'y a ni passé ni futur. Quand il n'y a ni passé ni futur, il y a le silence. L'exploration des profondeurs de ce silence conduit à une réalisation profonde se situant au-delà des limites du connu.

Lorsque le mental est quiet, l'amour rayonne. L'amour intelligent est votre nature même. Dès que l'attachement inconscient à l'ânerie disparaît, l'amour rayonne. Puisque vous n'êtes pas réellement un âne, vous n'avez pas à devenir un meilleur âne. Vous n'avez pas à apprendre à mériter l'amour et à accepter l'ânerie. Ainsi finit le travail sur l'estime de soi et commence l'amour vrai de soi.

Rappelez-vous qu'il n'y a pas d'ânes, seulement des lions prétendant être des ânes. Un lion reste toujours un lion, même s'il rêve qu'il est un âne.

Le devoir du maître est de dire au lion qui rêve « Regarde, nous avons le même visage. Rugis ! » Un véritable maître est simplement votre propre Être apparaissant sous une forme différente.

Le lion est la métaphore de la fin de toute pensée et de la possibilité de vous réaliser pleinement.

Oubliez les lions, les ânes et les humains. Laissez l'univers tout entier disparaître. Lorsque tout ce qui est apparu disparaît, vous vous réalisez en tant qu'Être immuable. Alors, lorsque vous vous incarnez sous la forme apparente d'un âne, vous agissez tout naturellement comme un lion. Vous n'avez pas besoin de croire que vous êtes un lion. Vous n'avez pas besoin de vous rappeler qui vous êtes. Vous êtes, tout simplement. Nous sommes, toujours.

Mes frères et mes sœurs, aujourd'hui, c'est le jour de la libération ! Peut-être avez-vous été l'esclave qui ne veut pas quitter l'enclave des esclaves parce que ce lieu vous est familier et réconfortant. Peut-être étiez-vous l'âne qui aimait aller à la rivière avec le linge sur le dos, sans uniquement remarquer que vous étiez un lion pris au piège de l'état second de l'ânerie, mais aussi prétendant préférer cela parce que l'état second vous était familier.

Le choix vous appartient. Personne d'autre ne peut choisir la liberté à votre place. Le moment est maintenant venu. Vous êtes un lion. Ainsi que Papaji le dit : « Réveillez-vous et rugissez ! »

CHAPITRE 15

Dix ans après avoir rencontré Papaji

Cela fait 10 ans depuis ce jour fatidique où j'ai été conduit à la porte de mon maître. À cet instant, toute quête a cessé. Mon mental s'est arrêté. Toutes mes prières ont été exaucées. Ma vie a été comblée. Je pourrais mourir en sachant que ma mission s'est accomplie. J'étais revenu au bercail. Je ne voulais rien et je ne désirais rien. J'ai dit à Papaji que tout ce que je voulais, c'était dormir devant sa porte et le servir.

Un soir, nous marchions en nous tenant la main comme les hommes le font en Inde. Sa main avait 80 ans. Elle était large et durcie par le travail. Un « Om » était tatoué entre le pouce et l'index. Avant qu'il prenne sa retraite à l'âge de 65 ans, Papaji conduisait une jeep et chevauchait une moto alors qu'il travaillait comme chef d'équipe d'une mine dans la jungle. Ses mains étaient plus douces maintenant, les callosités s'étaient estompées avec l'âge, et le fait de le toucher me faisait monter des larmes de béatitude aux yeux.

Je lui fis part de mon émerveillement à voir que les gens qui arrivaient chez lui s'éveillaient en quelques jours. Il me répondit qu'il était certainement incroyable de voir la grâce à l'œuvre, de voir une flamme qui brûle de tous ses feux en allumer une autre. Quel mystère et quelle joie !

« Mais, ajouta-t-il, la bougie qui allume d'autres bougies qui allument à leur tour d'autres bougies, c'est tout autre chose ! » Par ces paroles, il me transférait sa mission et son travail sacré. Il allumait toutes les bougies en vue dans l'espoir que la lumière serait transmise à tous.

Papaji m'a montré comment le servir au mieux, c'est-à-dire en vous transmettant ce précieux cadeau, cher lecteur. Si vous le recevez pleinement et que vous dédiez votre vie à la flamme d'amour que vous êtes, vous réaliserez peut-être que le transmetteur n'est pas séparé du receveur, et qu'en réalité il n'y a pas d'acte de transmission. Le « Je » qui écrit ces mots en ce moment est le même « Je » qui les lit en ce moment.

Lorsque vous prenez feu, vous devenez une bougie qui allume d'autres bougies. Ainsi, une bougie après l'autre, notre monde passera à la prochaine étape d'évolution et reviendra à la raison et à la paix. Tous les êtres éveillés de tous les temps et de tous les âges, de toutes les lignées et traditions, sont là pour vous aider. Profitez bien de ce précieux moment. Qui sait quand il se présentera de nouveau ? Le moment est maintenant venu pour vous. Vous êtes celui qui est pleinement responsable de vous. Vous avez maintenant la connaissance et le choix. Le reste vous appartient.

Nous voyons toute la destruction que causent dans notre monde les forces de l'ignorance, de la violence et de la peur. Vous avez le choix de mettre fin à la guerre là où vous êtes. Soyez vous-même, en tant qu'amour, et tous les êtres de paix et d'amour de l'univers se réjouiront de votre illumination. Que la paix et l'amour soient parmi tous les êtres. Vous êtes tous bénis.

PARTIE 5

DIX ANS PLUS TARD

CHAPITRE 16

Le cancer

Au début de l'automne 2006, j'ai passé des mois à devoir m'aliter très souvent. J'avais l'impression qu'on me donnait des coups de pied dans les côtes et qu'un parpaing de ciment s'abattait à répétition sur ma tête. J'ai dû annuler les rencontres avec les gens. J'étais simplement trop malade pour bouger. Je me reprenais, je me levais et, de nouveau, je m'effondrais. En raison de ma préférence pour la médecine naturelle et de mon aversion pour la médecine occidentale, j'ai passé huit mois à essayer diverses méthodes pour composer avec la profonde douleur que je ressentais dans mes os. En vain.

En juin 2007, à l'âge de 60 ans, j'ai finalement été forcé de passer une IRM, qui révéla une fracture de fatigue dans ma colonne vertébrale. La sensation que ma colonne vertébrale était écrasée par-dessus ma tête provenait du fait que ma colonne vertébrale était en train de s'effondrer — j'avais perdu 7,5 cm. L'IRM révéla également ce qui semblait être, aux dires du chirurgien, « la colonne gravement ostéoporotique d'une femme de 80 ans ». Ce diagnostic se traduisit non seulement par une opération pour ressouder la vertèbre fracturée, mais également par une biopsie. Celle-ci révéla que j'étais déjà au stade 3 — le dernier stade — d'un myélome multiple, un cancer agressif du sang. Je n'avais jamais entendu parler de cette maladie, alors que maintenant que je l'ai, j'en entends parler partout. À la suite de mes recherches sur Internet à l'époque, j'ai appris que les deux tiers des gens atteints de myélome multiple mouraient au cours des trois premières années, alors que la moitié du tiers restant mouraient au cours des deux années suivantes. En apprenant plus sur les symptômes et en acquérant une compréhension de la douleur que j'endurais depuis un bout de temps, une paix profonde s'est installée en moi.

Dans mes recherches, j'ai été immensément surpris de découvrir que plus d'études sur le myélome multiple étaient publiées à Little Rock, en Arkansas, que dans tout le reste du pays. C'était le dernier endroit où je m'attendais à aller pour recevoir des traitements. Même si je ne suis jamais entré dans un Walmart de ma vie et que je suis contre tout ce que cela représente, Sam Walton (fondateur de la chaîne Walmart) m'a sauvé la vie sans le vouloir. Il était l'homme le plus riche du monde quand il est décédé de myélome multiple. Avant sa mort, il a fondé un centre de recherches et de traitements de pointe pas loin de son domicile à Bentonville, dans l'École de médecine de l'université de l'Arkansas voisine, à Little Rock.

À mesure que le mot se passait dans ma communauté *satsang* au sujet de mon cancer, j'ai été surpris qu'un oncologue, qui était ami avec le directeur de l'Institut du myélome à Little Rock, me contacte et me recommande vivement de m'y rendre. Il m'a présenté le directeur de l'institut, et j'ai pris un avion pour l'Arkansas. Lorsque je suis arrivé, le responsable m'a expliqué le diagnostic sous forme de métaphore : un feu de niveau 10 faisait rage dans mes os. Je suis tombé d'accord pour suivre un protocole expérimental, j'ai immédiatement entrepris un traitement et j'ai aménagé à Little Rock pour six mois.

Selon la théorie de mon médecin, les gens mouraient selon un taux aussi élevé parce qu'ils étaient sous-traités. En général, une quantité minime de chimiothérapie est considérée comme le traitement convenant à un cancer. Malheureusement, en ce qui concerne le myélome multiple, une chimiothérapie minime relance le cancer et conduit à une rechute rapide, et à la mort. Le protocole expérimental que j'ai accepté faisait intervenir la chimiothérapie la plus lourde que le corps puisse supporter, ainsi que deux transplantations de cellules-souches. Mon corps venait à peine de se remettre d'un cycle de chimiothérapie que j'ai dû entreprendre le second.

À un moment donné, alité à cause du cancer et de la chimiothérapie, j'ai fait face à la mort. Trop faible pour même me remettre l'oreiller sous la tête quand il était tombé à terre, j'ai passé ma vie en revue pour tout ce qui n'était pas bouclé. J'ai déploré le fait de ne pas avoir d'assurance-vie. Je n'avais jamais joué la sécurité dans ma vie, j'avais misé gros sur beaucoup de choses et pris de grands risques. Je constatais qu'il y avait une victime secondaire dans tout cela : mon âme sœur bien-aimée, mon amante, ma conjointe et fidèle amie. En fin de compte, j'avais échoué à être le mari subvenant à ses besoins ainsi que j'avais toujours été fier d'être pendant toutes les nombreuses années qu'avait duré notre relation.

Pourtant, notre véritable amour avait été mis à toutes les épreuves possibles et il avait perduré. L'amour a purifié la façon dont cette relation s'est exprimée pendant tout ce temps passé ensemble. J'ai compris que nous sommes et avons toujours été complets et entiers. Et j'étais complet.

Je me suis abandonné à la mort, sans choix ni préférence. J'étais prêt à tout ce qui pouvait servir l'amour au mieux. J'entrevoyais la possibilité poétique, romantique et mythique de mourir d'une blessure que je m'étais infligée. J'entrevoyais aussi la possibilité de survivre à cette mortelle maladie et de vivre pour prouver que rien n'atteint la vérité. J'étais prêt à mourir et prêt à vivre. J'ai écrit le poème suivant dans un grand carnet :

Je suis le feu de l'amour.
Je m'entends dans le silence.
Je suis le feu de l'amour.
Je me sens dans la pierre.

Je suis le feu de l'amour.
Je me goûte dans tout.
Je suis le feu de l'amour,
Éternellement seul.

Je suis le feu de l'amour,
Qui grille et qui rit de douleur et de béatitude.
Je suis le feu de l'amour
Et je me consume en une éternelle flamme.

À Noël de l'an 2007, après six mois de traitement, j'étais encore dans la salle de chimiothérapie de Little Rock, avec en plus une pneumonie et une insuffisance cardiaque causées par la chimiothérapie. J'ai discuté des possibilités de suicide avec ma conjointe bien-aimée. Elle m'a totalement soutenu dans ce sens pendant les moments où nous avons examiné ensemble le meilleur moyen de mettre un terme à ma vie si c'était ce qu'il fallait faire. Toutefois, en quelques semaines, j'ai guéri de la pneumonie et n'avais plus besoin de fauteuil roulant. Ma bien-aimée et moi avons compris que mon corps avait réussi à traverser cette épreuve et que je n'allais pas mourir immédiatement. J'avais encore un peu de temps devant moi. Elle m'a dit que si je m'en sortais vivant cette année, nous irions en Australie, et à Maui ensemble pour Noël de l'année suivante. Et c'est là que nous enseignons depuis ce moment-là.

Le protocole que j'ai suivi s'est révélé une grande réussite. Un grand nombre des médicaments et des procédures que nous avons testés sont maintenant devenus courants pour le myélome multiple. Par ailleurs, les statistiques se sont inversées, deux tiers des gens étant encore en vie après trois ans. Je participe actuellement à l'expérimentation à long terme d'une chimiothérapie de maintien. Qui sait de quoi le futur sera fait ? Je suis là, et je suis rempli de gratitude.

Lorsque j'ai réalisé que ma vie n'était pas terminée, j'ai voulu transmettre à d'autres la vérité de mon expérience dans l'espoir qu'elle leur serve. Les chants suivants de liberté en sont l'expression. Je sais qu'ils peuvent sembler peu originaux, ainsi que le sont les couplets du Tao Te King. Les travaux de Lao Tseu ont été une grande source d'inspiration pour moi depuis que j'en ai lu pour la première fois, en 1971, la traduction de John Wu. J'ai toutefois fait de mon mieux pour parler directement à partir de mon expérience et ne pas transmettre des concepts de seconde main. J'espère avoir réussi à le faire d'une façon ou d'une autre. J'espère aussi que cela servira.

Little Rock (Arkansas)
15 janvier 2010

CHAPITRE 17

Les chants de la liberté

RIEN N'EST RÉEL.
Tout va, tout vient.
Rien n'est certain.
Tout le reste n'est qu'un jeu de hasard.

◆◆◆

L'apparence, c'est comme tracer des lignes sur l'eau.
Si vous essayez de marcher sur les lignes,
Vous vous noierez.

En sachant que l'eau est une réalité vide,
Appréciez l'apparence des lignes.

Le silence, le vide,
Rien,
L'amour, la liberté.
Autant de lignes tracées sur l'eau.

Allez à la rencontre du vide par le silence
Et tout vous sera révélé.

◆◆◆

Toute la vie
N'est qu'un jeu d'ombres.
Lorsque le plein soleil de l'amour
Est dévoilé,
Les ombres disparaissent.

Ne laissant
Que des traces sur l'eau

Et un nectar débordant
Dans le cœur.

Les accumulations de croyances s'effacent
À la lumière de l'instant.
Les ombres de la superstition
Et de la foi disparaissent
À la vitesse du regard.

◆◆◆

Touchés
Par la luminosité,
Il n'est point besoin
De chandelles dans l'obscurité
De doux rêves pour bercer les bébés
De bergers pour garder les brebis.

◆◆◆

La lumière de l'amour
Se connaît elle-même
Sans questionnement ni doute.

Elle n'a besoin ni de fondement
Ni d'éclairage extérieur.
Elle n'a besoin d'aucune théorie,
Croyance ou circonstance.

Elle n'a besoin d'aucun concept premier,
Ni d'opinion pour ou contre.
Elle est autonome.

◆◆◆

Vous êtes déjà choisi.
Vous n'avez nulle part où aller.
Arrêtez-vous simplement ici.
Ne bougez pas et
Tout vous sera révélé.

Votre nature est pure.
Votre cœur est sacré.
Votre Être est amour.

Votre chant est un chant de liberté.
Chantez-le uniquement
À partir des profondeurs de votre âme.

◆◆◆

L'amour vous guide
Vous apaise
Et guérit
Les blessures et les souffrances.

L'amour
Est le nectar de l'immortalité,
La récompense finale.

L'amour apparaît sous la forme de la grâce
Et ne peut s'empêcher de vous embrasser.
Ce baiser est un enlacement fatal.

Le mental est terrifié

Par le baiser de l'amour.
L'âme danse en se prosternant totalement
Devant cette bonne nouvelle.

Lequel des deux voulez-vous servir ?

◆◆◆

L'amour est le maître.
L'amour est l'élève.
L'amour est l'enseignement.
L'amour est la réalisation.

L'amour est un tueur impitoyable.
L'amour ne fait pas de prisonniers.
L'amour exige une reddition totale,
Sans compromis,
Sans accord.

La véritable reddition
Est une reddition à l'amour,
Déjà vivant et libre
Sous la forme de votre cœur.

La reddition n'a besoin de rien
Et se sert de tout
Pour arriver à ses fins.
Soyez libre et regardez.

◆◆◆

Être au service de l'amour

Est la plus grande joie de l'amour.
Le service conduit à l'intuition,
La révélation et la paix permanente.
Tout le reste n'est qu'une chasse aux ombres
Dans le cimetière.

Soyez vous et voyez.

◆ ◆ ◆

Qu'est-ce qui est un service de l'amour ?
Qu'est-ce qui est une portion d'amour ?
Qu'est-ce que l'amour dessert ?
Le voile est enfin tombé
Et la vérité est là à la vue de tous.

La pureté éclatante est présente,
Peu importe le lieu.
Elle ne peut être touchée
Par les apparences.
Elle apparaît partout
Dans toutes les formes.

Elle aime
Et se consume elle-même.

◆ ◆ ◆

FUSIONNEZ AVEC LE BIEN-AIMÉ

Apparaissez inchangé
Et non changeant.
Laissez le mystère s'emparer de vous
Et votre vie
Sera inimaginable.

Relâchez votre emprise,
Et tout sera à vous.
Refermez votre emprise,
Et tout vous échappera.

Soyez vous-même
Et soyez libre.

◆ ◆ ◆

La totalité projette l'âme
Hors d'elle-même
Et en elle-même.
L'âme expulse l'ego « Je »
Sous une forme.

L'ego s'appelle lui-même
Moi
Et de là naît la confusion.
L'ego souffre
Et cherche Dieu
En essayant de trouver le chemin du bercail.

Arrêtez-vous net et vous réaliserez
Que vous êtes complètement seul.

◆◆◆

Les âmes faites de vide,
Sans forme et sans espace,
Rayonnant d'amour comme des étoiles
Cherchent depuis des vies
Et errent dans le samsara
Pour étancher un brûlant désir.

◆◆◆

Leur soif étanchée
Par l'indicible
Nectar d'amour,
Tout désir est vu
Comme une aspiration à un retour au bercail.

Émerveillez-vous devant le grand mystère
De l'informé dans la forme.

◆◆◆

Renoncer à vouloir avoir raison
Est le grand défi de l'ego.
Prenez le risque et, en ne sachant pas,
Tout vous sera révélé.

Les défaites servent de maîtres.
Les douces victoires, de pièges.
Soyez prêt à affronter les deux
Sans broncher.

Et l'extase
Vous semblera renversante.

Un autre piège
Sur le chemin
De la liberté.

◆◆◆

L'égoïsme est un fantôme affamé,
Toujours en quête de plus,
Attirant la malchance
Sur soi et les autres
Et se sentant une victime de tout.

Votre Être n'est pas égoïste.
Votre altruisme naturel
Est la plus douce des extases.
Goûtez-y et voyez.

◆◆◆

Le doigt est-il séparé
De la main ?
Le doigt est-il
La main ?
L'abeille est-elle
Dissociée de la ruche ?
Existe-t-il une ruche
Sans abeilles ?

Occupez-vous de la fonction,

Pas des concepts
Et découvrez
Ce qui est déjà libre.

Maintenant, âmes éveillées
Plongez encore plus loin en vous
Fusionnez avec le vide dans le vide,
Au-delà de toute forme.

◆◆◆

Ne tombez pas
Dans la croyance erronée
Que nous ne sommes pas dissociés.

Ne tombez pas dans la croyance erronée
Que nous ne sommes pas Un.

Chaque moment est unique.
Personne n'a jamais habité
Ce moment de réalité
Dont vous faites l'expérience.
Et personne ne l'habitera jamais.

Tout est vide et libre.

◆◆◆

CULTIVER LA VERTU
Est un service d'amour.
Pour la cultiver,
Il ne faut pas s'astreindre à une pratique.

Il n'y a pas de seconde chance
Dans la spirale de la vie.
Il semble que nous tournions en rond
Sans jamais revenir
Et sans jamais partir.

Soyez ce que vous pratiqueriez.
Soyez vous-même et voyez.

◆◆◆

La vertu
Est un noble aspect de l'amour.
Elle est dans le renoncement et le silence,
Totalement sans compromis.

La vertu se dresse
Au milieu de la confusion
Et sert de lieu de repos,
Annonçant silencieusement
Que chaque mental est invité
À venir et
À être silencieux.

◆◆◆

La vertu ne pousse pas,

Ne résiste pas
Et ne suit pas
Tout simplement le courant.

Elle est immuable.
Implacable.
Elle est un témoin juste,
Une servante de l'amour
Qui prépare le thé.

◆ ◆ ◆

L'amour apparaît sous toutes les formes,
Mendiants comme rois.
Il est le suprême amant
Et vous êtes le bien-aimé.
Renoncez maintenant,
Et vous serez libre.

◆ ◆ ◆

LA LIBERTÉ
Est le saint Graal
Qui conduit
À une profonde réalisation.
Être libre
Est le plus rare des joyaux
Que l'amour puisse conférer.

La liberté
N'a aucun précédent
Ni aucune exigence.
C'est pour cela qu'elle est libre.

Elle n'est pas dépendante
Des circonstances
Ni des faveurs particulières.
C'est pour cela qu'elle est libre.

Elle n'est pas prisonnière
De la société
Et ne défie pas
L'apparence de la société.

C'est pour cela qu'elle est libre.

◆◆◆

L'animal n'est jamais libre.
L'animal est lié
Au temps et à l'espace.

L'animal est lié

À son besoin de survie.
L'animal est lié
À son besoin de s'alimenter
Et de se reproduire.

Ce n'est pas l'animal
Qui devient libre.

Ce qui est libre
A déjà toujours été libre.

Sans cause et sans objectif.

Ce qui est libre est l'ultime cadeau
D'une vie
Qui ne peut jamais s'accomplir.

Ce qui peut disparaître,
C'est l'identité
De l'animal.

Soyez libre et voyez.

◆◆◆

L'aventure de la vie
N'est pas pour les méfiants
Et les sceptiques.

Suivez l'élan de votre cœur
Et voyez.

Soyez prêt
À tout perdre
Au nom de la vérité
Et la vérité
Vous libérera.

◆ ◆ ◆

NE CRIEZ PAS AUX MENTEURS
Ou aux voleurs.
Servez plutôt
D'exemple vivant.

C'est cela, servir l'amour.

Un exemple vivant
Ne prêche pas,
N'a pas besoin
De montrer aux autres
L'erreur de leurs voies.

Un exemple vivant
Ne se fait pas l'éloge
De la rectitude,
Car cela est choquant
Aux oreilles de l'amour.

Un exemple vivant
Fait ce qu'il aime.
Rien d'autre n'a besoin d'être dit.

◆◆◆

L'amour parle
En étant vrai,
En étant doux,
Malléable
Et intransigeant.

Un exemple vivant

Est flexible
Et n'a aucun dogme.
Un exemple vivant
Est reconnaissant de servir.

Simplement
En étant
Soi.

◆ ◆ ◆

C'est la leçon de la vie,
Leçon qui met toujours à l'épreuve
Et qui s'approfondit.

Rien n'est parfait.
Tout fait des erreurs
Et en tire peut-être des leçons.

◆ ◆ ◆

NOUS SOMMES TOUS
Une symphonie de l'amour.
Nous apprenons
En émettant
Des fausses notes.

Nous sommes
La musique des sphères,
Vivant littéralement
En tant qu'espace insonore.

Nous sommes
Le presque insoutenable
Rugissement du silence.

Soyez vous-même et voyez.

◆◆◆

LORSQUE LE MONDE ENTIER
Se tourne contre vous,
Peut-être a-t-il raison.
Soyez disposé à voir ce qui est
Et tout vous sera révélé.

L'amour est digne de confiance
Au-delà de tout doute ou de toute croyance.
L'amour se préoccupe au plus haut point
Des intérêts de l'amour.

Soyez amour
Et les autres
Trouveront naturellement
Leur chemin.

◆ ◆ ◆

Tous les idéaux sont des illusions.
La souffrance de mourir devant nos illusions
Est la grande désillusion.
Nous l'évitons
À tout prix.

Et nous le payons de notre vie.

◆ ◆ ◆

J'ai été un enfantin idéaliste
La plus grande partie de ma vie.
J'aimais les gens
Et je détestais les individus.

J'aimais l'idéal
Et je détestais l'égoïsme
Et la cupidité.

Tel était le voile
Imposé
À la perfection sacrée.

Toute haine
Est haine de soi.
Mieux vaut renoncer
Et voir.

◆◆◆

Je voulais changer le monde,
À la place, c'est le monde qui m'a changé.
Il m'a déchiré et ouvert
Comme la noix que l'on extrait de sa coque verte.
Il a battu et frappé ma coque jusqu'à ce qu'elle cède
Et que l'amour sorte en débordant de la blessure béante.

L'amour m'a laissé battu et écrasé,
Et mes os moulus et réduits en poussière.

Quelle gratitude je ressens
Pour ce feu sacré de purification
Qui met à nu la tendre douceur
Au sein de la destruction.

◆◆◆

Après des années de liberté,
Je suis tombé dans un piège.
Un doux piège
Que je n'ai jamais vu venir.

Par-delà la luxure,
Il y avait l'illusion sentimentale.
Je suis tombé au ciel et ensuite en enfer,
Au vu de tous.

La nuit noire de l'âme
Apporte la mort comme alliée.
Pas pour nous échapper,
Mais pour nous libérer.

Se retrouver
Face à la mort
Révèle
Un profond silence.
Une fois né de nouveau
D'autres morts
Doivent être affrontées.

◆◆◆

NOUS VOULONS L'ÉVITER
Cette bénédiction de la mort et
Cette douleur de la naissance
Qui révèle une clarté nouvelle.

Le destin prend les choses en main.
Nos préférences sont insignifiantes.
L'amour nous ramène au bercail,
Droits et libres.

◆◆◆

Le libre arbitre est-il possible
Au sein de notre conditionnement ?
Pas avant d'avoir fait le choix
D'être libre.

Tout le reste n'est qu'errance sans fin
Dans le rêve du libre arbitre
Car tout sera emporté vers la mer.

◆◆◆

Le choix d'être libre
Allume le feu
Qui brûle le passé,
Le futur et le « moi ».

Ce qui ne peut être brûlé
Brûle à jamais,
Rayonne en pure extase
Et en profonde harmonie.

Du karma au dharma,
Le mouvement s'amplifie,
Qui met en place les épreuves
Et la beauté.

◆ ◆ ◆

Maintenant âme éveillée
Retire-toi encore plus profondément en toi.
Fusionne le vide avec le vide,
Au-delà de toute forme.

◆ ◆ ◆

Ne tombe pas
Dans la croyance erronée
Que nous ne sommes pas dissociés.

Ne tombe pas dans la croyance erronée
Que nous ne sommes pas Un.

Chaque moment est unique.
Personne n'a jamais habité
Ce moment de la réalité
Dont vous faites l'expérience.
Et personne ne l'habitera jamais.

Tout est vide et libre.

◆ ◆ ◆

Chaque vie

Est une forme d'art
Aux yeux
Du Bien-aimé.

Chaque vie
Est une étincelle momentanée
Dans l'océan cosmique.
Chaque vie est insignifiante
Et pleine de sens,
Si on cherche le rêveur
Qui est en coulisse.

Notes sur l'auteur

Eli Jaxon-Bear est né sous le nom d'Elliot Jay Zeldow à Brooklyn, dans l'État de New York, en 1947. Sa quête spirituelle qui a duré dix-huit ans a commencé en 1971 quand il a déserté l'armée pendant la guerre du Viet Nam. En 1978, Kalu Rinpoche l'a nommé président de son centre dharma, à Marin County. En 1982, un Éventail d'enseignement zen lui a été remis au temple Chosho-ji, au Japon. Après avoir exploré en profondeur de nombreuses traditions et pratiques, son chemin et sa quête ont cessé quand il s'est rendu en Inde, en 1990, là où il a rencontré son ultime maître, Sri H. W. L. Poonja. Après avoir confirmé l'éveil d'Eli, son maître l'a renvoyé dans le monde pour qu'il aide les autres à s'éveiller grâce à ses intuitions psychologiques uniques sur la nature de la souffrance égotique.

Lui et sa femme, Gangagi, vivent à Ashland, en Oregon.

Il reçoit actuellement des gens et enseigne grâce à la Fondation Leela, une organisation à but non lucratif qui soutient la paix et la liberté dans le monde par la réalisation universelle de soi (www.leela.org).

ADA éditions

www.ada-inc.com

info@ada-inc.com

www.facebook.com/EditionsAdA

www.twitter.com/EditionsAdA